子どもに言った言葉は必ず親に返ってくる

思春期の子が素直になる話し方

ハイム・G・ギノット

菅 靖彦＝訳

草思社文庫

子どもに言った言葉は必ず親に返ってくる

もくじ

イラスト＝北砂ヒツジ

はじめに

どんな親の人生でも、「自分の子どもはもはや子どもではない」と気づく日がやってくる。それは高揚感と恐れがともなうたぐいまれな瞬間である。育った苗木を見るのはうれしいことだ。しかし、不安もある。もはやわたしたちは子どもを風雪から守ってやれない。人生のさまざまな危険から子どもを保護するための盾《たて》になってやることもできない。今後、子どもは一人で挑戦に立ち向かわなければならない。

葛藤《かっとう》もある。わたしたちは親として子どもに必要とされたいと思う。だが、十代の子どもの欲求は、わたしたちを必要としなくなることである。この葛藤は現実的なものだ。愛する者たちが自立するのを助けるのが親の務めなのだから、わたしたちは日々そうした葛藤を経験する。

わたしたち親は、子どもが巣立とうとするこの瞬間をすばらしいものにできる。しっかりつかんでおきたいものを手放すには、寛大さと愛が必要である。痛みをともなう、そのような偉大な行為を実践できるのは、親だけなのだ。

〈1章〉親の気持ち、子どもの本音

「親の関心」対「子どもの欲求」

アンディの母親は言う。

「わたしが望むのは、息子が無事で幸せになってくれることだけ」

十四歳のアンディは言う。

「ぼくの幸せについてあれこれ言うのはやめてほしいんだ。ぼくの人生をみじめにしてるのは母さんなんだから。母さんの愚痴《ぐち》や心配を聞いてると、頭が変になるよ」

ジョイの母親は言う。

「娘が州外の大学に行っているのが耐えがたいんです。娘はまだ若い。心配でたまりません。娘はわたしのすべてなんです」

十八歳のジョイは言う。

「母はわたしのかわりにわたしの人生を生きたいのよ。できることなら、わたしのかわりに息をしたいんだわ。わたしがか弱すぎて、そばにいて傘をさしてやらないと雨に溶けちゃうと思ってるの。ほっといてもらいたいわ」

アーノルドの父親は言う。

「息子が成功するのを見るためなら、何でもしますよ」

十六歳のアーノルドは言う。

「親父のアドバイスにはうんざりさ。親父はいつもぼくの将来について話してる。そうすることで、今のぼくをダメにしてるんだ。ぼくは自分に自信がもてない。負け犬みたいに感じるんだ」

「親の心配」対「子どもの気持ち」

レナードの母親は言う。

「息子のことが心配です。ちっとも身体を大事にしないんですから。昔からずっと病気がちな子どもでした」

十六歳のレナードは言う。

「母さんは医者を演じるのが好きなんだ。具合が悪くなるのは母さんのせいさ。どんなに疲れていても、ぼくが咳《せき》やくしゃみをすると長距離ランナーに早がわり。地下室でくしゃみをすると、屋根裏部屋から走ってくるんだ。

『大丈夫？』

『どうしたの。風邪ひいたの？』

『お医者さまに診《み》てもらいましょう』

『自分を粗末にするからよ』

『夜更かししちゃだめよ』

母さんはヘリコプターのようにぼくの周辺を飛びまわる。母さんの騒々しいたわ言にはもううんざり。ぼくにだって、いちいち説明せずにくしゃみをする権利があると思うんだ」

アンソニーの母親は傷つき、怒っている。

「息子がパーティに行こうとしていたので、言ったんです。『楽しんでらっしゃい、トニー。でも、行儀よくしてね』って。そうしたら、責められたかのようにわたしを見上げ、冷ややかな声で言ったんです。『ぼくのすることを指図しないでくれよ』息子に声をかけるのさえ、ひやひやものです。いったい、わたしを何だと思ってるんでしょう？　敵だとでも思ってるんでしょうか？」
十五歳のアンソニーは言う。
「母さんにはいらつくんだ。ぼくを小さな少年のように扱うんだから。
『行儀よくしなさい』
『背筋をのばしなさい』
『足を引きずっちゃだめよ』
『自分のナプキンを使いなさい』
『スープを飲むときに音をたてちゃだめ』
母さんにエチケット専門家を気どるのをやめてほしいんだ」

平和に共存できるか？

親の気持ちはだれにでもわかる。子どもたちに健康で幸せになってもらいたいのだ。にもかかわらず、往々にして親の努力は報われないし、親の愛は煙たがられる。十代の子は余計な世話や忠告をうとましく思う。自分のことは自分でできる、自立した大人として見られたいのだ。

子どもたちは親に指図されずに自分なりのやり方を見つけられると感じる必要がある。かれらは、ローンを必要とするが経済的に自立したがっている人間に似ている。親という貸し手がいくら協力的でも、十代の借り手は親に口出しされるのをいやがる。助けは干渉、心配は子ども扱い、忠告は親のエゴとみなされる。自立するのは怖いけれど、何よりも重視される。それに干渉する者はだれでも敵なのである。

ティーンエージャーの親たちは困難な矛盾に直面する。助けようとすると恨まれるとき、どのようにして助けたらいいのだろう？　導いてやろうとすると拒《こば》まれるとき、どのようにして導いてやればいいのだろう？　関心を示すことが攻撃と受けとめられるとき、どのようにしてコミュニケーションをとればいいのだろう？

十五歳のアルビンの父は言う。

「息子との関係は過《あやま》ちの連続からなる悲劇です。わたしは息子を友だちだと思っているのに、息子はわたしを敵だと思ってるんです。息子に尊敬されたいのに、軽蔑しかされません」

十代の子と親は威厳をもって平和に共存できるのだろうか？

それは一定の条件の下でのみ可能だ。その条件とはどんなものだろう？　本書は和平へといたる道を描きだすものだ。親と子の共存の条件について考え、お互いに威厳をもって尊重しあいながら共に生きる方法を探っていきたい。

〈2章〉思春期の子を上手に助ける

ティーンエージャーの多くは、何が親をいらだたせるかを見抜く心のレーダーをもっている。

わたしたちが小ぎれいさを重んじると、子どもはだらしなくなる。部屋はちらかし放題、よれよれの服を着、髪をぼさぼさにするのだ。行儀よくしろと言うと、話の腰を折り、口汚い言葉を使い、人前でゲップをする。品のよい微妙な言いまわしを楽しんでいると、俗語を用いる。平和を重んじると、近所の人たちとけんかをし、近所の犬をからかい、近所の子どもをいじめる。質のよい文学書を好んでいると、家のなかを漫画本でいっぱいにする。身体を鍛《きた》えるよう言うと、運動するのを拒む。健康を力説すると、凍《こご》えるような日に夏服を着る。空気の汚れや肺がんを気にすると、煙突みたいにタバコをふかす。学校の成績を重視すると、クラスで最低の成績をとってくる。

当惑した親はありがちな苦肉の策をもって応じる。まず、子どもに厳しくあたる。

それに失敗すると、がらりと態度を変えてやさしくする。それでも効果がないときには、理屈に訴えようとする。穏やかな説得が無視されると、あざけりや叱責《しっせき》に訴える。それから、また脅しと罰に戻る。これが、お互いにいらだちをつのらせるお決まりのコースである。

親が正気にとどまり、誇り高く生きるためにできることは何だろう?

混乱の時期

思春期は混乱と動揺、ストレスと嵐の時期になる可能性がある。この時期、権威やしきたりにたいする反抗は、学習や成長に付随するものとして大目に見られるべきだ。思春期は親たちにとってむずかしい時期である。愛想のよい子どもが手に負えない若者に変貌していくのを見守るのは容易なことではない。

爪を噛む、鼻をほじる、指を鳴らす、咳払いをする、うさんくさそうに見る、鼻をすする、しかめっ面をするといった不快な癖がたびたび現れるのを容認するのはとくにむずかしい。若者がベッドに横たわり、虚空《こくう》を見つめながら、何時間も一本の紐《ひも》をいじっているのを見るのは気が気ではない。ころころ変わる気分や際限のない不満には当惑せざるをえない。

突然、すべてがかれらの趣味に合わなくなる。家は安普請《やすぶしん》だし、車はポンコツ、わたしたち親は時代遅れである。

人生は日々、いらだちの連続になる。古い戦いがよみがえる。子どもは朝起きることにも、夜、寝ることにも抵抗する。勉強に遅れるし、入浴も遅い。しかも、矛盾に満ちている。品の悪い言葉を使うくせに、内気なあまりロッカールームで着替えることもできない。愛について語るが、母に抱擁《ほうよう》されると一目散に逃げだす。親の言うことにいちゃもんやケチをつけ、無視する。ところが、自分がとったふざけた行動で親が傷つくのを見ると、本気で驚く。

親にとっての慰め《なぐさ》（少なくともいくらかの慰め）は、十代の子どもの狂気には筋道があることだ。子どものふるまいは成長段階に見合っている。思春期に見られる狂気じみた行動は、人格的な成長にともなう過渡的な現象にすぎない。思春期の目的は人格をつくりなおすことにある。子ども時代の親との絆《きずな》から自由になり、仲間と新しい絆をつくり、自分自身のアイデンティティを見出さなければならないのだ。

答えられない疑問

ティーンエージャーの一部は答えられない疑問に取りつかれる。命のはかなさや死から逃れられない宿命に心を奪われるのだ。以下に紹介する十六歳の少女が書いた手紙の抜粋は一つの例である。

本で人生のすばらしさを知れば知るほど、人生の悲劇が見えてくるのです。どうしようもない時の流れ、年をとることの醜《みにく》さ、死の確実性。そういう「避けられないもの」がつねにわたしの心を占めています。時はわたしをゆっくりと殺す殺人者です。ビーチや野球場でおおぜいの人たちを見ると、こう思います。「このなかでだれが最初に死に、だれが最後まで生き延びるのだろう?」かれらのなかのどれくらいの人たちが来年死ぬのでしょう? 今から五年後は? 十年後は? すると叫びだしたくなります。「死がすぐそこの角まで来ているのに、あなたたちはどうして人生を楽しめるの?」と。

多くのティーンエージャーはひそかに自分で考えた恐怖に苦しめられている。自分たちの不安や疑いが普遍的なものであるのを知らないのだ。そうした洞察《どうさつ》を伝えるのはむずかしい。各人が自分でそれをつかむしかない。個人のなかで起こることが普遍性をもっていることや、一人の人間を苦しめるものが人類をも苦しめることを悟るには、時間と知恵が必要なのだ。

アイデンティティの探求

アイデンティティの探求は十代の子どもにとって非常に重要な仕事である。ティーンエージャーは鏡を覗《のぞ》きこんで、よくこう自問する。「自分は何者だろう?」自分が何になりたいのかわからないが、何になりたくないかはわかっている。取るに足らない人間、あるイメージの模造品、親にそっくりな大人になるのを恐れているのだ。

十代の子が反抗的で言うことを聞かなくなるのは、親に逆らうためではない。自分のアイデンティティや自立心を味わいたいがために反抗するのだ。ときに極端なまでに意固地《いこじ》になることもある。

たとえば、一着のスーツを買おうとしていたあるティーンエージャーは、店員にこうたずねた。

「もし親がこのスーツを気に入ったら、別のに取り替えてもらってもいい？」

ティーンエージャーの課題は山のようにある。にもかかわらず、時間がない。一度にあまりに多くのことが起こる。身体が急激に成長し、いろいろな衝動が芽生え、自意識がわずらわしいほどに高まる。それでいて、人づきあいにはまだあまり慣れていない。

思春期の子どもにとって、どんなに広い部屋も十分に広くはない。そのつもりがないのに、ウェイトレスにぶつかったり、灰皿を落としたり、飲み物をこぼしたりしてしまうのだ。足は滑《すべ》り、手は大混乱を生みだす。

マスメディアは軽率にも思春期の子どもの窮状を大げさに騒ぎたてる。テレビは子どもたちのニキビを拡大して映しだす。ラジオは口臭に注意するよう呼びかける。雑誌は体臭を消すようにと警告し、親友が言わないようなことまで子どもたちに進言する。口臭を消そう、歯列を矯正《きょうせい》しよう、ふけを洗い流そう、背を伸ばそう、体重を増やし、贅肉《ぜいにく》は取ろう、筋肉をつけて、姿勢を正そう、などなど。そのような親切なアドバイスを受けて、自分が欠陥品だと思わずにいられるだろうか？

たとえ自分では認めていなくても、十代の子どもにはわたしたちの助けが必要だ。

ただし、その助けは巧妙で洗練されていなければならない。

助けるための指針

□子どもの混乱と不満を受け入れる

思春期にはいつでも幸せだということはありえない。それは見通しのきかない、懐疑的な苦悩の時期であり、無限の渇望《かつぼう》、私的な情熱、社会的関心、個人的な苦悩などが高まる時期だ。子どもの気持ちは揺れ動き、相反する感情に責めさいなまれる。アンナ・フロイトは『思春期』にそれを次のように書いている。

> 思春期の子どもが矛盾した予測不能な仕方でふるまうのは正常なことである。自らの衝動と戦う一方で、それを受け入れる。親を愛する一方で嫌う。他人の前で母親を認めるのをひどく恥ずかしがる一方で、突然、母親と腹を割って話したがる。うまいこと他人のまねをする一方で、自分自身のアイデンティティを探しつづける。理想的、創造的、寛大、利他的であろうとする一方で、自己中心的、利己的で抜け目なく生きようとする。ほかの時期なら、そのような揺れ動き方は

きわめて異常なことに思われるだろう。しかしこの時期の子どもが揺れ動くのは、大人の人格構造が現れるまでに長い時間がかかるからであり、当人の自我が実験を繰り返して、さまざまな可能性を試そうとしているからにすぎない。

十代の子どもに「どうしたの？　どうしてじっと座っていられないの？　いったい急に何が起きたの？」などと聞いても無駄である。それらは答えられない質問なのだ。たとえわかっていても、子どもは次のようには言わないだろう。「あのね、ママ、ぼく、矛盾した感情に引き裂かれてるんだ。不合理な衝動に飲みこまれてるんだよ。いまだかつて覚えたことのない欲求に責めさいなまれているのさ」

十六歳のブライアンは言う。

「ぼくはいつも欲求不満さ。愛しあいたいのに、相手になってくれる女の子がいないんだ。充電しすぎているのに、はけ口がないんだ。行動するチャンスや筋肉を動かすチャンス、自分の強さを試すチャンスをぼくは探してる。そんなこと、親とは話せないよ。話し合うんじゃなくて、実際に味わうことによって、甘いものと苦いものを見分ける術《すべ》を身につけたいんだ。そう、体験を渇望しているのさ。なのに、親は説明しかしてくれない」

十七歳のバーバラはその年頃の苦悩を劇的に吐きだす。

「どうしてわたしはなりたい人間になれないのか、って毎日自問するの。自分自身との関係は不幸そのものね。わたしは気分屋で、ころころ気分が変わるの。他人にはそれがわからないようぶりっこしてるわ。それがわたしのいちばんいやなところね。いつも本当の自分ではないようにふるまってるんですもの。

基本的にわたし、親切な人間なの。でも先生たちはわたしを冷たいと思ってる。先生たちはみんな大嫌いだから、ただこう言いたいわ。『利己的な大人はみんなくそ食らえだわ。わたしはあなたたちより善良よ』わたしのことを信じてくれる人といると、善良になれるの。わたしを機械の備品か何かのように扱う人といると、ばかになるわ。わたしが心から望んでいるのは、あるがままのわたしを受け入れてくれる人を、友だちや恋人にもつことね」

ティーンエージャーの欲求はさしせまっている。しかし、それは飢えや痛みのように、感じるのはたやすいが、言葉にするのはむずかしい。親は子どもの落ち着きのなさに耐え、子どもの孤独を尊重し、不満を受け入れることによって助けてやることができる。詮索《せんさく》するのはやめたほうがいい。詩人のカヒール・ギブランは次のように書いている。「本当の善人は裸の人に向かって、『あなたの服はどこにあるのですか？』

とはたずねない。家のない人に向かって、『あなたの家に何が起きたのですか?』とはたずねない」

□理解を示そうとしすぎない

ティーンエージャーは即座に理解されることを求めない。葛藤に悩まされているとき、かれらはそうした悩みを抱えているのは自分だけだと思いこむ。自分たちの感情は新しく、私的なものであると思う。だれも自分と同じように感じた者はいない、と。したがって、「おまえがどんなふうに感じているかよくわかる。わたしもおまえの年頃には、同じように感じていたんだ」と言われると、侮辱《ぶじょく》されたように感じる。自分は複雑で、神秘的で、不可解だと思っているのに、そんなにもわかりやすく、素朴で、単純なのがやりきれないのだ。十代の子がどんなときに理解されたいか、どんなときに理解されたくないかを感じとるのは、至難の業である。残念ながら、わたしたちがどんなに賢くふるまおうと、ティーンエージャーの目から見れば、まちがっているように思えることがしばしばあるというのが現実なのだ。

□受容と承認を区別しよう

ある父親は言う。「わたしの十六歳の子どもはハンサムな少年なのに、醜い少女のような恰好をしてるんです。彼の長髪を見ると、頭が変になります。明らかにおかしいのに、毎日、そのことでけんかになるんです」

ある母親は言う。「娘は女王様が着るような服をもってるのに、ピンクのビーズのついたよれよれのタートルネックのジャージ服を着たがるんです。見るに耐えません」

十代の子どもたちは無数の方法で反抗する。十五歳の少女がコットンのスカートのかわりに破れたジーンズをはくとき、彼女は反抗しているのかもしれない。十六歳の少年が新しい靴を捨て、古ぼけたサンダルに履《は》きかえるとき、彼は反抗しているのかもしれない。

わたしたち親は、許すことと認めること、受容と承認を区別しなければならない。わたしたちは多くを許すが、認めるものは少ない。医者は出血しているからといって患者を拒むようなことはしない。目を覆《おお》いたくなるような傷を負っていても受け入れるのが医者の務めである。同じように、親は、子どもが気に食わない行動をしたとき、認めないまでも大目に見ることはできる。

息子の長髪にいらだったある父親はこう言った。「すまん。おまえの髪だけど、わたしの気にさわるんだ。朝食を食べた後なら我慢できるが、前には我慢できない。だから、自分の部屋で朝食を食べてくれないか」

この反応は子どもの助けになる。父親は自分自身の気持ちを大切にしていることを示した。息子は不快だけれども害のない反抗をつづける自由を得た。もし父親がその髪型を認めていたら、自立と反抗のシンボルとしてのその価値を破壊してしまっていただろう。そうしたら、若い反逆者はもっと不愉快な行動をとっていたかもしれない。

次のような反応は、何の助けにもならない。

ミセスB：先週、主人がかんしゃくを起こしました。怒り狂って息子のギターをたたき壊し、サイケ調のポスターを破り、息子のネックレスを捨てました。それから、息子を無理やり風呂に入らせたんです。わたしは怖くてすっかり気が動転してしまいました。どうしていいか、なんて言ったらいいかわかりませんでした。それで、ベッドルームに逃げこんで鍵をかけたんです。

しばらくして、ベッドルームから出てくると、息子はいなくなり、主人は怒っていました。「これからどうするの？」って主人に言いました。すると主人は「わからん。どうなろうとかまわん」とどなり返しました。でも、どうなってもかまわないなんて嘘です。死ぬほど心配してるんですから。

賢い親は、十代の子どもとの争いは、離岸流に抵抗するのと同じくらい事態を悪化させることを知っている。熟練した泳者は逆流に捕らえられると、抗《あらが》うのをやめる。抗っても、岸まで泳ぎつけないのを知っているのだ。かれらはしっかりした足場を見出すまで、潮の流れのなすままに浮かんでいる。同じように、ティーンエージャーの親は人生の流れに身をまかせ、安全な接触のチャンスをうかがっていなければならない。

□子どもの言葉や行動をまねしない

十六歳のベリンダは言う。「母は一生懸命ティーンエージャーになろうとするんです。ミニスカートをはいて、若い子みたいなアクセサリーをつけ、くだけたしゃべり方をします。友だちが家に訪ねてくると、親しげなあいさつをして、『いけてる』話がないか聞きたがります。母親がそんな軽薄なふるまいをするのを見ると、むかつくんです。友だちは母を仲間のように見ているふりをしますが、陰では笑ってます。そして、わたしをからかうんです」

子どもは子どもっぽい。だから、大人は大人っぽくなければならない。ティーンエージャーはわざと大人とは異なるライフスタイルをとる。わたしたちがかれらのスタイルをまねると、さらに反対方向に子どもたちを押しやるだけである。

ミセスAの話。「今週、自分のやり方が正しかったんだとわかりました。娘と、母と娘について長い時間話し合ったんです。娘が、親友のホーリーはすごくかわいそうだと言うんです。母親が〝体型やファッション〟で娘と張り合うからです。ホーリーの母親はとても魅力的で、最新ファッションに身を包んでいます。ホーリーよりかわいらしく、服のサイズも小さいんです。彼女に比べれば、ホーリーは平凡に見えてしまいます。わたしの娘はわたしのことをこんなふうにほめてくれました。『母親はそこそこファッションを気にかけていればいいのよ。お母さんはちょうどいい服装をしてるわ。母親のように見えるし、母親のようにふるまい、母親のようにしゃべってるわ』と言うんです」

□欠点をあげつらってはならない

親は、自分の欠点を意識すると、しばしば子どもたちに完璧さをもとめたい誘惑にかられる。それを一生の仕事にする親もいる。かれらは子どもの不愉快な行動をいちいちチェックし、性格の小さな欠点をあら捜しする。子どもは、子ども自身のために、自分の欠点を覚えておいたほうがいいと信じているのだ。

そのような率直さは、最終的に親子のコミュニケーションを断絶させてしまう。目の前に突きつけられた欠点によって恩恵をこうむる者はいない。十代の子どもにとって、自分のいたらない面と直接向き合うのは、あまりに怖いことである。それらに注目させるのは、子どもにまぶしいスポットライトを向けるようなものだ。子どもは即、目をつむってしまうだろう。だから、子どもの欠点はわたしたちにだけ明らかになる。

そうした欠点を認めるようおおっぴらに強《し》いられると、十代の子はそれらを矯正したいと思わなくなるかもしれない。欠点が明らかになったときに、まず親がやるべきことは、子どもが目の前の危機に対処するのを助けてやることである。わたしたちの長期の仕事は、子どもの性格を補正して人格形成を助けるような人間関係や経験をあたえることだ。わたしたちの主要な目標は、子どもが潜在能力を発揮する気になるように仕向けることである。この目標は大声で言いたてるより、静かに遂行《すいこう》したほうがうまくいく。

□子どもの感情を害さないようにしよう

十代の子ならだれでも、過剰に気にしている欠点が何かしらある。周囲の者たちはたいていそれに気づき、からかったりあざけったりする。背が小さい子は「ちび」「寸足らず」「ちんちくりん」などと呼ばれる。やせて背が高いと、「のっぽ」「もやし」と呼ばれる。太っていれば、「でぶ」「太っちょ」と呼ばれる。弱々しければ、「弱虫」「マザコン」「びびり」と呼ばれる。若者たちは平気なそぶりをしていても、そうしたあだ名にひどく苦しんでいる。親はたとえ冗談でも子どもをからかうのはやめたほうがいい。相手が親だろうと、侮辱は深い傷となってのちのちまで残る。傷は一生消えないかもしれない。

親はティーンエージャーを子どものように扱うのを慎むべきだ。十代の子どもに、数年前までいかに小さかったかを思い出させたがる親がよくいる。過去の「かわいらしい」出来事によく言及する親もいる。かつて暗闇を怖がっていたことや、誕生パーティの席上でおもらししたことをしゃべりたがるのだ。

十代の子どもは赤ん坊のときのことを思い出すのを嫌う。今の自分と子ども時代の自分との間に距離を置きたいのだ。要するに、大人として見られたいのである。親はそのような欲求を支えてやるべきだ。子どもがいる前で、子どもが幼児のときの思い出話をしたり、一歳のときに丸裸で撮った写真を見せびらかしたりするべきではない。ほめるときにも、批判するときにも、報酬をやるときにも、しつけるときにも、相手を子どもではなく、若い大人として扱わなければならない。

□依存を助長しないようにする

思春期になると、依存は敵意を生む。依存を助長する親は、避けられない恨みを買う。十代の子どもは独立を渇望する。自己充足感を子どもに感じさせてやればやるほど、親に向けられる敵意は薄れていく。**賢い親は、子どもにとっていなくてもいい存在にどんどんなっていく。**共感をもって子どもの成長のドラマを見守るが、干渉するのをできるだけ慎むのだ。子どもへの気づかいと思いやりから、可能であればかならず、子ども自身に選択をまかせ、自力で事にあたらせる。言葉をかけるときには、独立を励ますメッセージを意図的にちりばめる。

「選択はおまえにまかせる」
「それについては自分で決めなさい」
「もしあなたがそうしたいならそうしなさい」

「それはおまえが決めることだよ」
「あなたが何を選んでも、わたしはかまわないわ」

親の「イエス」は小さい子どもを喜ばせる。しかし、十代の子は自分の人生を左右する事項で選択をする必要がある。そのとき、ちょっとした助言が助けになる。以下に紹介するのは、思いやりのある反応の例である。

ミセスA：十六歳の娘に、ボーイフレンドとの問題をどんなふうに解決するつもりか聞かされたんです。そのプランをわたしがどう思うか、娘は知りたがりました。そこで、「あなたなら正しい決断をする能力があると信じているわ」と言ってやりました。娘は満足したようでした。やさしい声で、「ありがとう、お母さん」って言ったんです。

□性急にまちがいをただそうとしない

ティーンエージャーはしばしばまちがいをただされることにたいして頑固に抵抗する。親があまりしつこく迫ると、心の扉を閉ざしてしまい、てこでも動かなくなる。

あるティーンエージャーは言う。「いい子ぶってる子にはぜったいわからないと思うけど、まちがっていることにも、ある種の満足があるのさ」

別のティーンエージャーは言う。「親父が正しいのはわかってる。だけど、ときにはまちがってもらいたいんだ」

セラピーを受けにきたティーンエージャーはこう言う。「親父は生まれつき器用なんです。ぼくが自己流に物事をやっているのを見ると、いても立ってもいられなくなるんでしょうね。いつだって、親父はもっといいやり方を知ってるから。親父にあれこれただされたことが、憎しみとともに記憶に刻印されてますよ。親父のアドバイスが大嫌いなんです。自己流にやってまちがったほうがましですよ」

手厳しいことを言う親は、事実を敬うことを教えることができない。真実はそれ自体で、家族間の凶器にもなりうる。思いやりのない真実は愛を破壊することさえある。一部の親は、自分のどこがどのようになぜ正しいのかを証明することにやっきになる。そのようなアプローチは苦々しさと失望をもたらさずにはいない。態度が敵意に満ちていれば、事実は説得力をもちえないのだ。

□子どものプライバシーを侵してはならない

ティーンエージャーはプライバシーを必要とする。プライバシーはかれらが独自の人生を送ることを可能にする。親はプライバシーをあたえることによって、子どもの人生を尊重していることを示す。子どもが親離れして成長するのを助けるのが親の務め。なのに、一部の親はあまりに詮索《せんさく》好きだ。かれらは子どものメールを読み、子ども同士の電話に耳を傾ける。そのようなプライバシーの侵害は消えることのない遺恨《いこん》を生みだす可能性がある。ティーンエージャーは裏切られたと感じ、憤る。かれらの目からすれば、プライバシーの侵害は恥ずべき違法行為なのだ。ある少女は言う。「親の越権行為で、母親を訴えようと思ってます。わたしの机の引出しの鍵を開けて、日記を読んだんです」

十六歳の少年はこんな不平をもらす。「母親はぼくのことをちっとも尊重してくれないんだ。ぼくのプライバシーを侵害し、市民権を奪うんです。ぼくの部屋に勝手に入りこんで、引出しのなかを整理するんですよ。ちらかっているのが耐えられないって母は言います。自分の部屋だけかたづけて、ぼくの部屋はほっといてほしいんだ。母親がかたづけるかたっぱしから、ぼくはわざと机のなかのものをごちゃごちゃにするんです。だけど、母はちっともぼくの気持ちをわかってくれない」

親が自分たちのつきあいに首をつっこみすぎると嘆くティーンエージャーもいる。十七歳のバーニスはこう吐き捨てる。「お母さんったら、わたしのボーイフレンドが家に来る前に着飾るの。そして、わたしが出かける準備をしている間、彼と噂話をしてるんです。わたしたちといっしょに車のところまでついてくることもあるわ。わたしが帰宅すると、待ちかまえていて、好奇心で顔を輝かせるの。そして、なにもかもすべてを知りたがります。彼、なんて言ったの？　あなたはなんて答えたの？　どんな感じだった？　彼、どのくらいお金を使ったの？　あなたの将来のプランは？　わたしの人生はすべてまる見え。なにもかも公にされてしまうんです。お母さんはわたしと友だちになろうとします。彼女の気持ちを傷つけたくないけど、四十歳の友だちなんかいらないわ。それより、少しでもいいからプライバシーがほしい」

プライバシーを尊重するには、距離が必要だ。ところが親は一定の距離をなかなか保てないのだ。親はどうしても親密さや親交を求める。そして、すべて善意から、子どもの生活に侵入し、プライバシーを侵害する。そのような親密さはお互いを尊重する気持ちを育まない。そのような気持ちを育むには、親子が一定の距離を保たなければならない。ギブランもこう書いている。「並んで立ちなさい、ただしあまり近すぎないように」尊重するには、子どもを自分とは異なる独立した個人とみなす意識が必要だ。つきつめれば、親もティーンエージャーも相手に「属して」はいない。それぞれ自分自身に属しているのだ。

□決まり文句や説教は避けよう

十五歳のメイは言う。「わたし、お母さんには話せないわ。心配しすぎるんだもの。わたしを助けてくれるかわりに、自分で悩みだすの。目にいっぱい涙をためて、表情でこう訴えるんです。『まあ、かわいそう。あなたよりわたしのほうが心が痛むわ』同情しすぎて、患者が血を流すのを見てめまいを起こすような医者に、だれが助けてもらいたいと思う？　わたしのお母さんはそんな人なの」

十代の子どもの助けになるには、共感する能力（子どもの気分や感情に感染することなく応えてやれる能力）を身につける必要がある。わたしたちは、怒りや恐怖にかられた子どもや混乱している子どもを、怒りや恐怖を抱かず、また混乱することもなく助けてやる必要がある。

「わたしがおまえぐらいの年頃には……」というセリフは即、ティーンエージャーの耳をふさがせる。ティーンエージャーはわたしたちの道徳的な独り言にたいして、耳をふさぐことによって自己防衛する。かれらは、親がかつていかによい子で、それに比べ、かれらがいかに悪い子かという話など聞きたくないのだ。たとえわたしたちの言うことを聞いていたとしても、わたしたちが努力家で思慮深いうえに賢く、倹約家でバランスがとれていたとは信じない。実際かれらにとっては、わたしたちがかつて若かったと想像するのさえむずかしいのだ。

□長々と話をしない

十七歳のバリーは言う。「ぼくの母さんは会話をするんじゃなくて、講義をするんだ。ごく単純な話を複雑な尋問《じんもん》にしてしまうんです。ぼくが短い質問をしても、長々と答える。母さんの話につきあってると時間を取られすぎるから、なるべく避けるようにしてるんだ。本で言えば、文章をいくつか、せいぜい段落をいくつか使えばすむのに、何章も費やすんだから」

十八歳のリーロイは言う。「親父は人と親しくできません。心を開いて人と話をするといったことがまったくなく、いつも事務的なんです。親父は前もって判断します。分類して整理するのが好きで、自分の子どもであるわたしたちにだってよそよそしいんです」

十六歳のベスは言う。「お父さんは気温には敏感だけど、人の気持ちにはそうじゃないのよ。感情や気分にまったく気づかないの。行間を読むとか、言葉にならない言葉を感じるということができないわ。相手が聞いていなくても、えんえんとしゃべっていられる。人がもうたくさんという顔をしているのが見えないのね。議論に負けていても気づけないし。自分の立場を明確にできなかったと思ってるだけ。お父さんは話はするけど、会話はしないのよ。横柄《おうへい》な態度で説教し、すべての会話をぶちこわしてしまうの」

□子どものいる前でレッテルを貼らない

親はしばしば十代の子どもを聴覚障害者のように扱う。子どもたちがいる前で、家畜の品評でもするかのように、子どもたちの過去を評価し、未来を予測するのだ。そうすることによって、現実となる予言をしているのだ。「アルフィーは生まれつきひねくれ者の弱虫なの。根っからの悲観主義者。いつだってそうだったし、これからもそうでしょうね。コップに水を半分入れてあげると、半分空っぽだとしか思えないの。反対に、ブルースは生まれつきの楽観主義者ね。肥料を見つけたら、ポニーを探すタイプ。くじけることなんかありえないわ。きっと成功するわ。クレアは心ここにあらず。夢見る子なの。詩人の叔母のエミリーにそっくり。彼女は自分だけの世界に生きてるの」

このようなレッテルは危険である。子どもたちは親の貼ったレッテルにそって生きる傾向があるのだ。

□逆心理学を用いてはならない

十代の子どもは、親が自分たちの頭をおかしくさせるとよく不平をこぼす。十五歳のバーサは言う。「よい気分で家に帰ってくるでしょう。でも、十分後には、怒り狂ってるの。お母さんは、わたしを怒らせる方法を知ってるのよ。わたしに行儀よくしてほしいときに、『あなたはぜったいに変わらないでしょうね』って言うわ。ただの助言をするときは、『言っても無駄よね。あなた、決して学ぼうとしないもの』ってつけ加えるの」

この不平はもっともである。親はティーンエージャーに逆心理学を使うべきではない。それは悪意のある行動や関係に導く不正直なアプローチだ。それに、わたしたちの言葉が本当になる危険がつねにつきまとう。

□矛盾したメッセージを送ってはならない

十代の子どもは親の矛盾したメッセージにひどく苦しむ。母親が十五歳のモリーにこう言った。「ええ、ダンスに行ってもいいわよ。楽しんでらっしゃい。もちろん、あなたもわかってると思うけど、あなたが出かけている間、わたしは眠らないわ。ずっとあなたのことを待ってるから」この母親の言葉は娘を身動きのとれない状態に追いこんだ。モリーはダンスに行っても、行かなくても、心が晴れないだろう。母親のダブル・メッセージが混乱と苦悩をもたらしたのだ。親は子どもの葛藤を避けるため、一つのメッセージをあたえるべきである。**明確な禁止か、潔い許可か、子どもにまかせるかのいずれかだ。**

十四歳のブレンダがパーティに行く許可を求めると、母親はこう答えた。「考えさせてちょうだい。明日の朝、はっきりした返事をするわ。九時にわたしに聞いてちょうだい」母親は娘の要求を考え、どんなパーティかを調べ、潔く許可をあたえた。「すてきなパーティみたいね。行きたければ行ってもいいわ」母親はブレンダが適当な服を選ぶのを手伝い、娘がわくわくしながら出かけていくのを見送った。

□先のことをあれこれ考えないようにしよう

多くの親は十代の子が大人になれないんじゃないかと心配する。親たちは子どもが成長するよう励ます一方で、子どもの将来の運命を大声で嘆く。

「定刻どおり起きることを学ばなきゃ、仕事になんかありつけんぞ」
「文字の綴《つづ》りがちゃんとできるようにならないと、だれもあなたを雇いたがらないわよ。あなた、読み書きできないも同然じゃない」
「そんなに汚い字じゃ、失業小切手さえ換金できないぞ」

親はどんなに子どもの未来を予測しようとしても、たいていうまくいかない。実際、わたしたちは子どもを未来に備えさせることなどできない。できるのは、子どもが現在に対処するのを助けることだけだ。十代の子どもたちがいずれくぐり抜けなければならない心が震えるような体験——恋人に振られる、友人に裏切られる、仲間に冷たくあしらわれる、親戚や友人の死に衝撃を受ける——に備えさせる方法など、ありえないのだ。

そのような不慮の出来事についてあれこれ考えても無駄である。恋をしている男の子に次のように告げるのは不親切だ。「あのね、愛はいつかは醒《さ》めるの。あなたは女の子に振られるかもしれないわ。心の準備をしていたほうがいいわよ」また、親友のいる子どもに向かって、こう言うのは適切ではない。「一人の友だちにあまり依存しちゃだめ。裏切られるかもしれないじゃない。念のために、もっと友だちを増やすべきよ」犬をかわいがっている子どもに向かって、次のように言うのも酷《こく》である。「おまえは犬をかわいがりすぎる。もし死んじまったら、どうするつもりなんだ？　永遠には生きちゃいないんだぞ。今から心の準備をしておけ」

すべてのティーンエージャーは自分の足で人生を歩み、さまざまな危機を自力で乗り越えなければならない。**わたしたちの沈黙の愛が子どもの大きな支えになる。**忠告は拒絶され、理屈はいやがられるだろう。それとない警告ですら、個人的な侮辱と受けとめられるだろう。ティーンエージャーはそれぞれ、親の愛情と思いやりに守られて、たった一人で冒険の旅に出なければならない。親は信じてじっと待っているのがベストである。

ある十七歳の少女はそれを次のように言う。「振り返ってみると、お母さんはただいてくれるだけで、何もしなかったように思う。でも、港だって、静かにそこにたたずみ、ずっと両腕を広げて旅人が戻ってくるのを待っているだけで、何もしないわ」

〈3章〉もっとも大切なこと

子どもの経験を認める

医師は「何はさておいても傷つけない」のが原則だ。親も同様のルールを必要とする。

まず第一に、子どもの知覚を否定してはならない。子どもの経験に異議をさしはさんだり、子どもの感情を否定するのもよくない。とりわけ、子どもが見たり、聞いたり、感じたりすることがそうではないと説得しようとしてはならない。

キャロルは母親とウィンドウ・ショッピングをしていた。

キャロル（十五歳）：なんてすてきなブラウスなの。

母親：すてきじゃないわ。不細工で趣味が悪いわ。

そのような答えは敵意を生む。母親は悪い選択を避けたかったのかもしれないが、キャロルは隠された意図を聞きとれなかった。彼女が聞いたのは、「あなたは愚《おろ》かよ。見る目がないわ」ということだった。

効果的な反応をする親は子どもの趣味を攻撃したりしない。かわりに、趣味を言葉にして述べる。

「わかったわ。襟《えり》ぐりの深いブラウスがほしいのね」
「あなたは緑やピンクや紫が好きなのね」
「あなたは大柄なデザインが好みなのね」

その後で親は自分の好みを述べてもいいだろう。

「わたしはおとなしい柄が好きだわ」
「わたしは柔らかな色が好き」
「わたしは繊細なデザインが好みね」

「わたし、水玉模様が好きなの」

こうした発言は、**評価を含んでいないので、安全である。**批判をせずに、ありのままを述べているだけだ。叙述的なセリフは敵意や反抗心をかきたてることがない。子どもは自分の好みが攻撃されないので、それを防衛する必要がないのだ。批判を含まない反応は、子どもに自分の選択を再考するチャンスをあたえる。そうすれば、子どもは面目《めんぼく》を失わずに心変わりすることもできる。

しょっぱいスープ

十四歳のシンシアがスプーンでスープを味見した。

シンシア（むっとして）：しょっぱすぎるわ。

母親：いいえ、そんなことないわ。ほとんど塩を入れてないもの。不平を言わずに飲みなさい！

シンシア：まずいんだもの。

母親：おいしいわよ。マッシュルームと大麦が入ってるわ。それに……。

シンシア：あのね、もしそんなにおいしいなら、お母さん飲んで。
母親：あなた、自分がどんな人間か知ってる？ 生意気でわがまま。それがあなたよ。世界に何百万人もいる難民の子どもたちならよろこんで飲むわ。
シンシア：だったら、その子たちにやればいいじゃない。

シンシアは自分の部屋に駆けていった。

この出来事はもっと円満に終われたはずだ。料理が熱すぎるとか冷たすぎる、スパイスが効きすぎるとティーンエージャーの子が不平をもらしたとき、子どもの味覚のことで口論しても無駄である。かわりに、子どもの感じたことを素直に受け入れ、それに応じて反応すればいいのだ。


「あなたにはスープがしょっぱすぎるのね」

「紅茶がまだ熱すぎるのね」

「あら、コーヒーがもう冷たくなってるのね」

次のような対応策は言わないほうがよい。「少し待てば冷めるわよ」「コーヒーをもっと熱くしたかったら、コーヒーメーカーの電源を入れなさい」そうではなく、子どもに自発的に対処させればいいのだ。**不満を認め、子どもの提案を待っていれば、子どもは自分の意志で、自主的に行動することができる。**

食べ物は愛のシンボル。寛大に扱うのがベストである。わたしたちの寛大さが食い物にされることはありえない。逆に寛大さは善意を引き出すだろう。リラックスした雰囲気が行きわたれば、不満が蒸発し、解決策がおのずと見えてくる。

カールがコンビーフについて不平をもらすと、母親はこう答えた。「そう、あなたにはしょっぱすぎるのね。他のものをもってこようか」すると、十七歳のカールは言った。「いいよ、母さん。あとで水飲んどくから」全員が噴きだし、危機が去った。過去には、同様な不満が、怒りの口論へと発展し、場の雰囲気をだいなしにしていたのだ。

抽象絵画と具体的な会話

十三歳のカルビンは父親といっしょに抽象絵画のギャラリーに行った。

カルビン：この絵ぜんぜんわかんないよ。

父親：おまえに芸術の何がわかる？ 芸術についての本を読んだことがあるのかい？ 自分の意見を言う前に、学んだほうがいいぞ。

カルビン（うんざりした目で父親を見て）：それでも、この絵はお粗末だと思うな。

この会話は絵画へのカルビンの興味を高めなかったし、父親への愛も高めなかった。カルビンは侮辱されたと感じ、傷つき、恨みがましく思った。そのうち、父親に仕返しするチャンスをうかがうようになるだろう。**遅かれ早かれ、父親の言葉はブーメランのように本人に戻ってくるだろう。**彼は息子がこんなふうに言うのを聞くことになるだろう。「じゃあ、お父さんは絵について何を知っているっていうの？」わたしたちがぜったい言うべきでない言葉が、子どもたちの口から発せられるのだ。

十四歳のクララが近代絵画を批判したとき、母親は彼女の意見に反論しなかった。娘の趣味を批判することもしなかった。

母親：あなたは抽象絵画が好きじゃないのね？

クララ：たしかにそうね。醜いんだもの。

母親：具象画のほうが好きなのね？

クララ：何それ？
母親：家が家のように見え、木が木のように見え、人間が人間のように見えるほうが好きなんでしょう。
クララ：そうよ。
母親：だったら具象画が好きなのよ。
クララ：想像してみて。わたしずっと具象画が好きだったのに、それが何かを知らなかったのよ。

議論ではなく、共感の言葉を

十六歳のチャールズは政治に興味をもっている。彼は見知らぬ国や外国についての話をするのが好きだ。彼の述べることはかならずしも正確でないし、彼の意見はしばしば誇張されている。

チャールズ：中国はすぐに世界最強の国になるよ。今こそ中国に宣戦布告するべきだ。

父親：わが家の十六歳の天才軍人さん！　そんな複雑な問題について、おまえは何を知ってるんだ？　そんな話をすると、間抜けのように見えるぞ。中国のことを少し話してやろう。

チャールズ（怒って）：いいよ、父さん。もう行かなくちゃ。

父親：どうした？　議論が熱すぎるっていうのか？　トルーマン大統領がよく言ってたぞ。「もし熱に耐えられんなら、台所に入るな（議論に耐えられないなら、首を突っこむなという意味）」って。

傷ついて怒ったチャールズは居間から出ていった。一方、父親は世界にどうやって平和をもたらしたらいいかについて妻に講義しつづけた。父親の平和についての説教は家庭内に新たな戦争をもたらした。息子との会話は家族間により大きな愛も尊敬も生みださなかった。チャールズは平和や政治について何も学ばなかった。父親を恨むことと、自分の考えを心に秘めておくことを学んだのだ。

その戦いは必要だっただろうか？　おそらく必要ではなかった。十代の子どもに、愚かであることや、考えがあさはかであることを納得させようとするのは賢明ではない。本当の危険は、子どもがわたしたちの言うことを鵜呑みにしてしまうことだ。父親は**ティーンエージャーの意見に反論しないというルール**を採用し、こう言うことができたはずだ。「戦争と平和についてのおまえの考えに興味がある。そのことについてもっと話してくれないか」それから、息子の見解の骨子を繰り返し、自分が聞いて、理解したことを示せたはずだ。その後にはじめて、自らの見解を述べてもいいだろう。「中国にたいする考え方が大幅にちがってることがわかったよ。わたしの見解はな……」

賢く議論を進められるかどうかは、自分自身の見解を述べる前に、相手の見解を上手に要約できるかどうかにかかっている。

ティーンエージャーに次のような実りあるコミュニケーションや会話の手法を示してやるのは、親の責任である。

注意して聞く。
「相手」の発言の要点を繰り返す。
批判や中傷を避ける。
自分自身の見解を述べる。

親は第三の耳をもって聞き、共感する言葉で応じれば、ティーンエージャーの注目を引くことができる。子どもがあいまいに言ったことを鮮明に言ってやれば、子どものハートをつかめる。正直に気持ちどおりの言葉を述べれば、尊敬が得られる。以下に紹介する物語は、体験を認める手法をどのようにして使えばいいかを描いている。

「あなたがそう感じたのなら、あなたにとっては本当にそうだったのね」

十五歳のコーラが不平をこぼした。妹がスケートに行き、弟がボウリングに行ったからだ。

コーラ：あの子たちはスケートをしたり、ボウリングをしたり、いつも何かをやってるわ。わたしがあの子たちの年頃のときは、何もできなかった。お母さん、わたしをスケートに連れてってくれたことないもの。

母親：あなた、わかってるでしょう。お医者さんがスケートするのを許してくれなかったのよ。

父親：おまえ、病気だったことを忘れてるんだ。でも、いっしょにいろいろなことをしたじゃないか。

コーラ：わたし、なんにも覚えていない。わたしをどこにも連れてってくれなかったわ。

母親と父親（同時に抗議して）：いや、コーラ、連れてったよ。サーカスを観に行ったことや、カナダに旅行したことを覚えていないのか？

このとき、母親はアプローチの仕方を変えた。突然、コーラの気持ちを理解し、夫に向かって言ったのだ。「コーラは子どものとき恵まれなかったと感じてるのよ。本当にないがしろにされたと思ってるんだわ！」「そのとおりなの！」とコーラが大声で相槌《あいづち》を打った。

母親：理由はどうでもいいの。あなたがそう感じるなら、あなたにとっては本当にそうだったんでしょう。

コーラ（穏やかに）：そうなの！

こうしてこの話題からガス抜きがされ、口論が収まった。母親は述べている。「この出来事で、理性やロジックでは、感情的になっているティーンエージャーの欲求を満たせないってことがよくわかりました。それに、途中でアプローチの仕方を変えられるんだということも教わりました」

「二日間の休みが、大変な意味をもつこともあるのよね」

子どもの感じたことを否定するより認めたほうが賢明であることを学んだ、別の母親の物語もある。

家族が、学期が終わる二日前からフロリダに行く計画を立てた。その予定を聞いた十三歳のケアリーは憤慨して言った。「学期が終わる前には行けないよ。やることがたくさんあるもの！」

父親：ばかを言うんじゃない。休暇の前には、学校じゃ何もやらんだろう！

ケアリー：そんなことはないさ。一日だって無駄にすれば、どんなことになるか父さんにはわかってないんだ。

父親：だから何だって言うんだ。たかが二日だぞ！　先生たちだって、休暇に行くために仕事を片づけてるんだろう。

この会話はさらに辛らつなものになった。そのとき、突然、母親は何がまずかったのかに気づいた。心の内側でこんな声がしたのだ。「子どもの感じたことを否定しちゃだめよ」母親はケアリーに向かってこう言った。「中学生にもなると、二日間失うってことが、大変な意味をもつのよね。埋め合わせすることがたくさん出てくるもの。家に残って、後で来ればいいんじゃない」ケアリーはたちまち元気を取り戻した。母親はつづけた。「それとも、先生と話して、宿題を出してもらうってこともできるんじゃない。どうしたいか考えてみて、わたしたちに教えてちょうだい。どっちみち、二、三日の休暇のために、あなたの学校での立場を悪くする必要なんかないものね」自分の立場をわかってもらったケアリーは即座に言った。「よく考えさせて。自分でどうするか決めるから」

「とくに寒い朝は、ベッドから出るのがつらいものね」

上手に一日をはじめさせるスキルをもった母親がここにいる。

「目覚まし時計が鳴ると、十五歳になるサイラスはそれを止め、寝返りを打って、また寝てしまうの。『七時半よ、サイ』とわたしが叫ぶと、『わかってるよ』とサイラスはつぶやくわ。『とくに寒い朝は、ベッドから出るのがつらいものね。あったかいココアはどう?』

『いや、コーヒーとトーストでいいよ』

そう言ってサイラスは起きてくるんです。口うるさく言ったり、脅したりする必要はないわ。でも依然として不機嫌で、こう不平をこぼすの。『見てよ、こんなにたくさんの本。一日がはじまる前に疲れちゃうよ』

『今朝は車で送ってもらいたい？』とわたしはたずねるの。

『うーん、そうだね。でも、こんなに早く、出かけるのはいやだろ。早く免許証が取りたいよ。そしたら中古車かジープを買って、自分で運転していくんだ』そう言うと、サイラスは服を着て、学校に歩いていくわ」

「一人で練習するのはさびしいからな」

このエピソードはある音楽教師が話してくれたものである。

「十三歳のクレイグという少年が音楽の（筆記の）宿題をやってこなかったんです。過去にはよく説明を求めたものです。すると、かならずすばらしい言い訳を聞かされましたよ。今回は、彼を辱《はずかし》めたり、脅したり、問いつめたりせずに不快感を表明したんです。『きみが準備してくるのを期待してたんだ』とわたしは言いました。『でも、練習はしたよ』とクレイグは訴えました。『書く宿題もやってくる約束だぞ』と断固としてわたしは言い張りました。するとクレイグは『先生はマシュマロみたいにやわじゃないんだね。前の先生はかんたんだったのに』と言うんです。

あとで、クレイグは言いました。『ぼく、ピアノを弾くのが本当に好きなの。でも、練習はあんまり面白くないんだ。練習する必要がなかったらいいのに』『一人で練習するのはさびしいからな』とわたしが言うと、クレイグはパッと目を輝かせて、『ほんとにそうだよね。一人で練習するのがどんな感じか、よくわかってるんだね?』と言いました。わたしはただ笑い、彼は練習をつづけました」

基本は思いやり

子どもの経験を認め、気持ちを反映させるのは、役に立つ対人スキルである。けれども、それらはトリックでも仕掛けでもない。機械的に使うこともできない。それらが役立つのは、子どもに関心をもち、敬意を払うときだけである。人間関係では、助けになるのはテクニックだけではなく、それを使う人間なのだ。思いやりと誠実さがなければ、テクニックは効果を発揮しない。

〈4章〉効果的な聞き方、答え方

擁護者としての親

十四歳のダニエルが怒り狂って家に帰ってきた。「あのばかなバス運転手のスミッティがぼくのこと間抜けって言ったんだ、三回も！　それにぼくのこと押したんだ」

母親：スミスさんは理由もなくあなたのことを押すような人じゃないわ。あなたが彼の機嫌を損ねるようなことを何かしたにちがいないわ。何をしたの？

ダニエル：何も。ただ話してただけさ。

母親：あのね、わたし、あなたのこともスミスさんのことも知ってるわ。彼はいい人よ。きっとあなたを傷つけるつもりじゃなかったのよ。きっと疲れていたんだわ。乱暴な子どもたちをたくさん乗せてバスを運転するのは楽じゃないもの。

ここでダニエルは爆発した。あらんかぎりの声で彼は叫んだ。「母さんはぼくのことちっとも思いやってくれないんだ。いつもよその人のことを弁護するだろ」そう言うと、家から駆けだしていった。

この母親はまったく子どもの助けにならなかった。十代の子どもがトラブルにおちいると、その子を告発しようとする大人がたくさんいる。わたしたちの子どもを、弁護人もつけずに放っておくのは公正ではない。親以外のだれが子どものよき擁護者になれるだろう？　多くの親たちは子どもの告発者であるかのようにふるまう。どんな論争でも、親たちは自分の息子や娘ではなく、見知らぬ人を弁護する。そして、運転手の非礼な言動、先生のいじめ、ウェイターの無礼なしうち、ドアマンの侮辱、近所の人の小言、いじめっ子の残忍さなどの言い訳をする。

一部の親は子どもを弱くするのではないかという恐れから、ティーンエージャーの息子や娘を擁護するのを拒む。かれらが自分の子どもを助けたいという自然な傾向に逆らうのは、「つらい試練」をあたえたほうが、人生に備えさせる助けになると信じているからだ。こうしたまちがった信念が、多くの親を子どもたちから遠ざけてきた。

親は子どもの擁護者であるべきだ。親は弁護士のように法律の枠内で行動する。不正行為を見逃さないし、不品行を認めない。弁護士は犯罪を奨励しない。金庫破りの技や詐欺師の狡猾《こうかつ》さをほめるようなことはしない。けれども、罪を犯したとしても、被疑者を弁護する。もっとも困難な状況でも、罪を軽減する理由を見出し、援助と希望をあたえようとするのだ。

感情の救急措置

ダニエルがスクールバスの運転手に辱めを受け、押されたと訴えたとき、その運転手の動機を探すことや、運転手のために言い訳をすることは、母親の務めではなかった。彼女の務めは、息子の怒りや心痛や屈辱感を理解していることを示すことだった。次のような言い方をすれば、息子の体験を理解したことを伝えられるだろう。


「すごく恥ずかしかったでしょうね」

「屈辱感を感じて当然だわ」

「ひどく腹が立ったんじゃない？」

「カッとなったでしょうね」

「その瞬間、運転手のことを心底恨んだでしょう」

共感する聞き手が理解して受け入れてくれると、強い感情は弱まり、鋭い刃を失う傾向がある。感情の救急措置がすんだら、それ以上の行動を差し控えたほうがよい場合が多い。すぐに教訓をあたえようとすると、きっと抵抗にあうだろう。即座の介入は葛藤をあおるだけかもしれない。感情が鎮《しず》まり、気分が変わってから、物事を解決し、平和を回復するほうがやりやすい。感情的になっている状況では、ティーンエージャーにたいする親の反応は他の人たちとはちがわなければならない。赤の他人が知性に語りかけるのにたいし、親はハートに語りかける。

十七歳のデビッドは夏のアルバイトのための面接を受けたが、採用されなかった。彼は失望し、落ちこんで家に帰ってきた。父親は息子に同情し、それを効果的に伝えた。

父親：本当にその仕事をしたかったんだな？
デビッド：うん、そうなんだ。
父親：おまえにはその仕事をこなす能力が十分にあったのにな。

デビッド：そうなんだ！　楽しみにしてたんだ。
父親：残念だな。
デビッド：ああ、残念だよ、父さん。
父親：仕事をするのを楽しみにしていたのに、目前でそれを逃してしまうのは、つらいことだよ。
デビッド：まったく、そうだね。

一瞬、沈黙があった。それから、デビッドが言った。「世界が終わったわけじゃないさ。他の仕事を見つけるよ」

トラブルに発展する七つの道

今、述べた状況は、父親の対応の仕方によっては、トラブルに発展する可能性もあった。

1　道理を説くことによって。「おまえは何を期待してたんだ？　簡単に望みの仕事が得られると思ってたのか？　人生はそんなもんじゃない。雇ってもらうまで、五回、いや十回でも面接を受けなくちゃならんかもしれんな」

2　決まり文句を言うことによって。「『ローマは一日にしてならず』ということわざを知ってるだろう。おまえはまだ若い。前途洋々なんだ。だから元気を出せ。笑えば、世界が微笑み返してくれるさ。泣くんだったら一人で泣け。今回のことで、取らぬタヌキの皮算用をしてはならないことを学んでもらいたいな」

3　自分の例を持ちだすことによって。「わたしはおまえの年頃のとき、はじめての仕事を探しに行ったんだ。靴をピカピカにして、髪を短く刈り、新調の服を着て、ウォール・ストリート・ジャーナルを携えて行ったもんだ。どうやったら好印象をあたえられるか知ってたのさ」

4　状況を過小評価することによって。「おまえがなぜそんなに落ちこんでるのかわからんな。実際、そんなにまで落胆する理由はないだろ。たいしたことじゃない！仕事が一つだめだっただけさ。語るにさえ値せんよ」

5　問題点を指摘することによって。「おまえの問題は、人との話し方を知らんことだよ。いつもへまなことをうっかり言ってしまうからな。おまえは落ち着きに欠けてるし、そわそわしてる。ガツガツしすぎて、我慢が足らん。それに、敏感で簡単に傷ついてしまう」

6 自分を哀れむことによって。「本当に残念だな。何と言ったらいいかわからんよ。心が痛む。人生は運次第だからな。他の連中はみんな運がいいんだ。力を貸してくれる人物を知ってるんだよ。わたしたちはだれも知らんし、だれにも知られていない」

7 極端な楽観主義のアプローチによって。「すべては結局いい方向に向かうんだ。あるバスに乗り遅れても、すぐにさほど混んでいない別のバスがくるもんだ。一つの仕事が得られなかったら、別の仕事が得られるさ。おそらく、もっといい仕事がな」

効果的なコミュニケーションを妨げるこのような会話の仕方を親は避けなければならない。そして、**注意深く子どもの言うことを聞き、共感をもって簡潔に答える**術を学ばなければならない。

中立的な対応

大人はふつう、ティーンエージャーの発言に二つの方法のいずれかで答える。認めるか認めないかのいずれかだ。しかし、もっとも有効な子どもへの答え方は、しばしば中立的なものだ。

評価を差し控える反応は、称賛も批判も含まない。かわりに、子どもの気持ちを突きとめ、願望を認識し、意見を認める。

以下に紹介する母親の証言は、子どもが感情的になっているとき、どんな対応の仕方をすれば助けになるかを描いている。

「病気で家にいるのはとてもつらいことよね」

「夫が子どもたちをアイス・スケートに連れていく計画を立てました。ところが十三歳のドナが病気になったので、弟だけ連れていくことにしたんです。そうしたら、ドナがものすごく憤慨して。娘の反応を見て、こう言ってやりたくなりました。『いつも弟を家に残して、あなたはいろいろなところに連れてってもらってるでしょう。今日はかわりに弟が出かけようとしているのに、あなたは不平をもらしている』

幸い、わたしは自分を抑えることができました。娘を批判するかわりに、娘の気持ちをわかってやれれば、事がうまく運ぶと心の隅でわかっていたんです。そこでこう言いました。『パパと弟がスケートに行っている間、病気で家にいるのはすごくつらいことよね、ドナ?』すぐに娘が同意したので、『あなたも行きたいでしょう』とつづけて言いました。『ええ』と娘は長いため息をついて答えました。

それから彼女の気分が変わったんです。じきに娘は、本を読むことに没頭《ぼっとう》しました」

「あなたたちもいっしょに行きたいのね」

「あれは夫との外出がつづいた三日目の晩のことでした。そんなにつづけて外出するなんてめずらしかったんだけれど……。わたし、とってもわくわくしていたわ。でも劇場で夫と落ち合う前に、やらなければならないことをたくさん抱えていたの。子どもたちはみな、小さい子もティーンエージャーの子も、いやいや手伝っている感じだったわ。全員とげとげして」

母親：うーん、今夜はあんまり手伝ってもらえないわね。わたしを手伝ってくれるどころか、みんながわたしに手伝わせようとしてるじゃない。わかった、きっとみんな、パパやわたしといっしょに劇場に行きたいのね。

「子どもたちが顔を上げて目が笑っているのを見たとき、わたしの勘《かん》があたっていたことがわかったわ。それ以上、何も言わなかった。でも、その後の子どもたちの協力的な行動とくつろいだ態度から、自分たちの気持ちを認めてもらえたことに感謝しているんだってわかったわ」

「ずいぶん長い一日だったのね」

母と娘が皿洗いをしている。

ドラ：疲れたわ。
母親：ずいぶん長い一日だったみたいね。
ドラ：そうなの、学校はすごーく退屈だった。
母親：とても長くて……。
ドラ：そう、先生がとってものろいの。声は単調だし。数学と科学の二時間、つづけてその先生の授業を受けたの。
母親：きっと終わりがないように思えたでしょうね。えんえんとどこまでもつづくように。
ドラ：そのとおりよ。おかげで疲れきってしまったわ。でも、今はだいぶよくなった。

「目覚まし時計をセットし忘れて、本当に困ったでしょう」

「うちでは、朝七時半から八時十分の間に四人の子どもたちと夫が出かけるんです。

先週、全員が七時五十分まで寝すごしてしまった朝の混乱を想像してみてください。でも、わたしの新しいやり方でその状況を救うことができました。子どもたちの気持ちを認めてやることが、もっとも効果的でしたね。『目覚ましをセッティングし忘れて、本当に参ったわね！』『あなたたち、急いで服を着なければならないの、嫌いだもんね』こうした発言が、責任や時間厳守について言っているいつもの説教より、はるかに効果があることがわかったんです」

「たくさんやることがあるのね」

「十三歳のオリバーがプンプンして学校から帰ってきたの。宿題のほかに学校でやり終えられなかった課題をたくさん持ちかえってきたわ。先生が嫌いだってオリバーは言うの。宿題をたくさん出すからって。

わたしはこう説教したい誘惑にかられたけど、踏みとどまったわ。『先生が悪いんじゃないわ。責めるんだったら、自分を責めなさい。授業中にやることをやり終えていれば、家まで持ちかえってくる必要はないでしょう』かわりに、こう言ったの。『たくさんやることがあるのね。綴り方、数学、社会研究、全部を一日でやるんでしょう』

驚いたことに、オリバーはこう答えたわ。『すぐにはじめたほうがいいね。やることがたくさんあるもん』」

「人前に出て、おおぜいの前で演奏するのって、怖いわよね」

「十四歳のダイアンは才能あるピアニストなんですけど、リサイタルになるとうまく演奏できないんです。演奏する前、ダイアンは緊張を訴えて泣いてしまいます。わたしは、何にも心配する必要はないとよく言ったものです。こんな空虚な言葉で娘を安心させようとしました。『聴衆はあなたがまちがってもわからないわよ』『あなたの演奏はすばらしいのよ。みんなにそれを証明して見せてやりなさい』『あなたのそんなふるまいはばかげてるわ』わたしは娘のつらい気持ちを否定しようとしていたんです。

毎回、娘は演奏しましたが、うまくいきませんでした。曲を一瞬忘れたり、弾きそこなったり、微妙なニュアンスを出せなかったりしたんです。コンサートのたびに、泣いて、自分はだめだと言いました。わたしは娘の失敗には目をつぶって、とてもよかったと主張しました。娘にもわかる嘘をついたんです。

先週、ダイアンはピアノ協奏曲を演奏することになっていました。例の涙まじりの嘆きがはじまりました。けれども、今回はわたし、心の準備をしていたんです。ダイアンが演奏できないと言って、病気だとアナウンスしてくれと頼んだとき、本気で彼女の言うことに耳を傾けたのです。それからこう言いました。『人前に出ていって、おおぜいの人の前で演奏するのって、怖いわよね。みんなに審査されているように感じるものね。もちろんあがっちゃうでしょうし』

ダイアンは耳を疑ったようでした。『お母さん、わたしがどう感じてるのかわかってるのね。そんなふうに思ってなかったわ』と言ったんです。

ダイアンはその日、うまく演奏しました。緊張してあがりましたが、それまでにないほど上手に演奏したんです。コンサートの後に彼女は言いました。『今回のわたしは拍手に値するわ。そう思わない？』『あなたの演奏を聞くのが本当に楽しかったわ』とわたしは答えました。娘の目に嬉し涙が浮かんでいました」

共感と誠実さ

わたしが提案した手法は、たんなるテクニックではなく、対人間のスキルであり、共感と誠実さをもって使った場合にのみ役に立つ。それらは状況に応じて適切に用いたときに効果を発揮する。

ティーンエージャーの反応の仕方は千差万別である。かれらは言葉や行動で自分の好き嫌いを語る。親のスキルを賢く用いるには、個々人の気質や性格のちがいを無視してはならない。

〈5章〉批判しないほうがうまくいく

たいていの親の批判は役に立たない。怒りや恨みや復讐の気持ちを生むだけである。そのうえ、けんかになることさえある。ティーンエージャーの子どもがひっきりなしに批判にさらされると、自分自身を責めることや、他人の欠点をあら捜しすることを学ぶ。自分自身の価値を疑い、他人の価値をみくびることや、人を疑い、凶運を期待することも学ぶ。

ほとんどの批判は不要である。まちがった角を曲がり、道に迷ったとき、もっともされたくないのは批判されることだ。そのようなとき、運転技術を分析され、評価されても助けにならない。わたしたちに必要なのは、明確な指示をしてくれる親切な人間である。次のようにたずねられてもどうしようもない。

「どうして変なところで曲がったの?」

「あの標識が見えなかったの?」

「文字が読めないの?」

「曲がる前にどうして考えないの?」

助けになる指摘

建設的な意見というのは一つの重要な働きをもっている。その状況でなされるべきことを指摘するのだ。助けになる指摘は性格についてうんぬんするのではなく、困難な出来事に対処する。決して人を攻撃せず、その人の状態に語りかけるのだ。

十六歳のフェリックスが二学期に化学の単位を落としたとき、父親は心配した。フエリックスを呼び寄せた父親は、たった一言、こう言った。「このことで何か助けられることがあるか?」父親は過去のことをあれこれ言ったり、未来について予測したりしなかった。結果を責めなかったし、脅すようなことも言わなかった。「問題がある。解決策を探そう」という問題解決の姿勢を貫いたのである。

助けにならない批判

親としての能力を発揮するには、自分の子ども時代に深く叩きこまれた教訓を忘れ去る必要があるかもしれない。過去を理解しない者はやむにやまれず過去を繰り返す。わたしたちの狙いはそのような盲目的な繰り返しを避けることである。以下に紹介する親たちのディスカッション・グループでの話し合いは、そのことをとりあげている。

ミセスA：怒ると、あるフレーズがパッと浮かんでくるの。考える必要もないわ。口調まで、三〇年前の母親とそっくり。

ミセスB：父親がわたしのこと、よく「ばか」と言うんで、いやでたまらなかったの。気がついたら、今、自分の息子に同じ悪態をついてるじゃない。とってもいやなのに。そんなことを言う自分が嫌いだわ。

ミセスC：わたしね、批判されることに慣れっこになってるので、自然に批判の言葉が浮かんでくるの。子どものとき、母がわたしに使っていたのとまったく同じ言葉を使っているわ。わたし、何一つきちんとできなかったから、いつも母親にやりなおしさせられていたの。自分の子どもたちにも同じことをしてるわ。

ミセスD：わたしの両親は三カ国語もの侮辱の言葉のコレクションをもっていたの。それを気前よく吐き出していたわ。自分の子どもにはそういうまねをすまいと努力してるんだけど、怒ると、つい自分を抑えられなくなっちゃうの。

ミセスE：わたしの母は歌手だったの。怒ると、イタリア語で侮辱の歌を歌ったわ。それを聞かされると、わたしたち子どもは頭がおかしくなりそうだった。驚いたことに、気づいたらわたしも、イタリア語と英語で息子を辱める歌を歌ってたのよ！

わたしたちはそれぞれ自分のなかに、瞬間的に発する侮辱の言葉の個人的なコレクションをもっている。この過去の遺物は不要なお荷物である。わたしたちは皮肉やあざけりのないコミュニケーションを学ぶことができるのだ。親子の会話に、辛らつな批評はいらない。皮肉は憎しみを誘い、反撃を引き起こす。

十七歳のスタンレーは言う。「ぼくの父には皮肉の才能があります。父の話しぶりは鞭《むち》に似てるんです。人が一カ月かかって築きあげたことを一分間で打ちこわすことができるんですよ。先週、ぼくは学校のテニスのトーナメントで優勝しました。いい気持ちでした。有頂天になって父に言ったんです。『あのね、父さん、ぼく、テニスチームのキャプテンを負かしたんだ』すると、軽蔑のこもった声で父は答えました。『たいしたキャプテンだな！』その瞬間、ぼくはカッとなりました。憎しみと怒りに満たされたぼくは父のそばにいるのが怖くなりました。『たいした父さんだよ！』と叫び返して、部屋から駆けだしていきました」

批判は悪循環を生む

人格や性格の批判は、自分自身に否定的な感情を子どもに抱かせる。人格をとりあげて悪態をつく形容詞は破壊的な効果をもっている。親がティーンエージャーを「ばか」「不器用」「醜い」などと呼ぶと、子どもの心身に反応が起こる。恨みや怒りをもって反応し、復讐を夢想するようになるのだ。その後で、自分の抱いた敵意に罪悪感を覚え、行儀悪くふるまうことによって罰を求める。子どものとっぴな行動はまた、批判、罰、復讐のサイクルに導く。こうして家庭生活を苦しめる連鎖反応が生みだされる。

繰り返し「ばか」呼ばわりされる子どもは、その評価を事実として受け入れる。そうなると、あざけられるのを避けるため、勉強でがんばろうとはしなくなるかもしれない。競争は失敗を意味するから、何事にも挑戦しないことで、安心をはかろうとするのだ。学校では、自発的に何かを率先してやることはない。テストをさぼり、宿題を怠け、最終試験の前に病気になる。そんな子どもは次のような偽りのモットーを永遠に守りつづけるかもしれない。「挑戦しなければ失敗もない」

繰り返し「不器用」と呼ばれるティーンエージャーは、そうした評価を自己イメージに組み入れる。彼は敏捷性を必要とするスポーツその他の社会活動をあきらめるかもしれない。うまくできるはずがないと思いこむからだ。

十六歳のセオドアはうっかり絨毯《じゅうたん》の上にペンキをこぼした。それを見て両親は怒った。

母親：ペンキには注意しなさいとあれほど口をすっぱくして言ったのに。あなたはいつも物を汚すわ！

父親（うんざりして）：こいつはやらずにすませられないんだ。不注意なのさ！ずっとそうだったし、これからもそうに決まってる。

あざけりの代償がクリーニング代よりはるかに高くつくことはまちがいない。自信の喪失はこのうえない損失をもたらす。あやまちを侮辱のターゲットにすべきではない。人格を汚さずに、ペンキをふき取るのが一番である。

「糊がこぼれたわ。雑巾をもってきなさい」

十五歳のフェイが絨毯に糊《のり》をこぼしたとき、母は叫んだ。「糊がこぼれたわ。雑巾と水を少しもってきて」母親は、フェイが糊をふき取るのを手伝いながら、言った、「糊はめんどうね。絨毯についちゃうと、なかなか取れないから」「ごめんね、ママ。もっと注意すべきだったわ」とフェイは答えた。

フェイの母親はやっかいな状況を手際よく処理した。娘を攻撃せず、問題に取り組んだのだ。母親は「二度とやらないよう」警告したい誘惑にかられたが、娘がとても感謝しているのを見て思いとどまった。過去に、糊をこぼしたことで大声を張りあげたとき、丸一日、家庭内の雰囲気をとげとげしくしてしまったことがあるのだ。

「こぼしても責められないのって、すごく楽しいわ」

別の母親が次のような話をしてくれた。

「昼食を食べているときでした。十四歳の娘がミルクをこぼしたんです。かまわずわたしは話をしていました。すると、娘は立ち上がって、言ったんです。『心配しないで。わたしがふくから』わたしは会話をつづけていました。娘はまた言いました。『こぼしても責められないのって、すごく楽しいわ』」

「最初に感じたのは、叫びたいという衝動でした」

こんな話を聞かせてくれた母親もいる。

「わたしたちは、十三歳と十六歳、ふたりのティーンエージャーとの十二日間の休暇から戻ってきたばかりですが、その旅を台無しにしていたかもしれないある出来事を、わたしの新しい知識で切り抜けたんです。十六歳の娘はお気に入りのブレスレットを身につけていました。次の目的地に向かう途中、その娘が青ざめ動転した顔でわたしのほうを見て、ブレスレットをなくしたと言うんです。

最初に感じたのは、不注意で愚かだと叫びたい衝動でした。でも、こう言ったんです。『あら、それは大変！　ホテルに忘れてきたかもしれない。手紙を書いて、探してもらいましょう』娘はほっとして、わたしに感謝しました。それで、休暇が台無しにならなかったんです」

「息子の言葉のおかげで試験にパスできたわ」

別の母親はこんなことを述べている。

「家に帰ってくると、食卓の椅子とソファーにインクのシミがついているのに気づいたの。あたりを見まわして、十四歳の息子のせいだということはすぐにわかったわ。お尻のポケットに入れたペンが壊れているのにまだ気づいていなかったから。

ふつうなら、こんなときはカンカンに怒るんだけど、このときは、何が起きているかを息子に示したの。そして、いっしょに家具をきれいにしたわ。批判は最小限に抑えてね。そんなに穏やかにしていられる自分に、自分でも驚き、うれしく思ったわ。

一時間ほどしてベッドルームに入ると、そこにもインクのシミがあり、布張りの椅子に消せないシミが残っていたの。これには本当に試されたわ。もしそのときドアをノックする音が聞こえなかったら、どうなっていたかわからないわね。わたしが怒らないことにとても感謝していると息子が言いにきたの。本当に反省していることを知ってもらいたかったのね。息子の言葉のおかげで、ふたたび試験にパスできたわ」

物事がうまくいかなかったとき

わたしたちの多くは次の教訓を学ばなければならない。物事がうまくいかなかったとき、ティーンエージャーに人格や性格についてとやかく言うのは適切ではない。人が溺《おぼ》れかけているとき、質問をしたり、泳ぎが下手なことを批判したりするのは的はずれである。助けるときなのだから。

「そんな手紙を持ち帰るのはいやだったでしょうね」

十三歳の息子がいる母親に聞いた次の出来事は、危機的な状況で建設的な助けの手をさしのべた一例である。

「フランクが先生から長い手紙を渡されて帰ってきました。とてもよい手紙とは言えませんでした。以前にもそれと似た手紙をもらったことがあるんです。そのときは何日もフランクを厳しく批判したものでした。その後も、しょっちゅうその出来事を思い出しては、彼がいかにわたしたちを失望させたかを言い聞かせました。

でも、今回は、フランクを見て、こう言ったんです。『あらまあ、フランク、そんな手紙を家に持ち帰らなきゃならないなんて、いやな気持ちだったでしょうね』フランクはおずおずと相槌《あいづち》をうちました。

これまで、フランクのために何度も謝りの手紙を書いてきました。今回は、ただ手紙を受けとったこと、今後はよくなると信じていることだけを述べました。そして、手紙の文面を読んで聞かせたんです。

翌日、校長との懇談《こんだん》があったのですが、そのことをフランクに話すと、彼はこう言いました。『先生に会う必要なんかなかったのに。ぼく、もう行いを改めてるから』

手紙にたいするわたしの反応は、学校での息子の問題を解決しないかもしれませんが、家でのわたしたちの関係はすでに改善されています」

どのように事態は悪化するか？

多くの家庭では、親子の戦いはお定まりの順序でエスカレートしていく。まずティーンエージャーが親の気に入らない何かをやったり、言ったりする。それにたいしてわたしたちは子どもを侮辱するようなことをして応える。子どもはさらに悪いことをして返す。わたしたちは脅しや罰によって報いる。そして、乱闘がはじまる。

十三歳のフロイドがバスケットボールを弾ませながら、居間に入ってきた。

母親：ボールをもって部屋から出なさい。ぜったいに何か壊しちゃうわ。
フロイド：いや、壊さないよ！
（そのときボールがランプに当たり、ランプが床に落ちて壊れた）
母親：だから言ったでしょう。わたしの言うことを聞かないからよ。何か壊すに決まってるじゃない。ほんとにあなたはときどきばかになるんだから。
フロイド：母さんだって、洗濯機を壊したじゃないか。じゃあ母さんは何なのさ？
母親：フロイド、不作法にもほどがあるわ。
フロイド：最初に不作法だったのは母さんだよ。ぼくをばか呼ばわりしたじゃないか。
母親：もう何にも聞きたくありません。今すぐ、自分の部屋に行きなさい！
フロイド：えらそうに命令するのはやめてよ。ぼく、もう子どもじゃないんだから。
母親：すぐに自分の部屋に行きなさいったら！
フロイド：できるもんなら行かせてみれば。

親の権威へのあからさまな挑戦を前にして、母親は息子をつかみ、揺すりはじめた。フロイドは逃れようとしたはずみに、母親を押した。母親はすべって転んだ。怖じけづいたフロイドは家から駆けだしていき、夜遅くまで帰ってこなかった。

一つの単純な出来事が深刻な事態へと発展したのだ。しかし、言い争いからはじまったこのような事態は何一つ起こる必要がなかったものだ。このような出来事にはもっと賢く対処できる。

母親はどうすればよかったのだろう？　ボールをつかんで、部屋の外に出し、断固とした口調でこう言うことができたはずだ。「居間はボール遊びをするところじゃないわ」

それ以上の批判は不要だった。あるいは、ランプが壊れた後で、息子がガラスの破片を片づけるのを手伝いながら、不快感を表明することもできたはずだ。淡々とした口調で言えば、フロイドを反抗的にさせずに、すまないという気持ちにさせられたかもしれない。もし母親が穏やかでいられたら、居間がボール遊びをするところではないことを自分で肝《きも》に銘《めい》じていたかもしれない。感情を傷つけるコメントは、一般的に敵意を生みだす。決して適切な行動を生みだすことはない。

程度の感覚

ティーンエージャーは、たんなる不快でわずらわしい出来事と深刻で悲劇的な出来事との区別を、親から習う必要がある。程度の感覚や価値のものさしを学ばなければならないのだ。ちょっとした不運な出来事を大惨事として扱うべきではない。植木の枝が折れるのと腕の骨が折れるのはちがう。インクが流れるのと血が流れるのはちがう。セーターをなくしたからと言って、理性までなくす必要はない。

十五歳のフィリップはあやまって床一面に釘《くぎ》を散乱させ、おどおどしながら父親を見上げた。

フィリップ：ちぇっ、おれって、不器用！
父親：釘を散らかしたときには、そんなふうに言うもんじゃない。
フィリップ：どう言えばいいの？
父親：釘を散らかしちゃった。自分で拾うよ！
フィリップ：ただそれだけ？
父親：それだけだ。

フィリップ：ありがとう、父さん。

父親は腰を屈めて、釘を拾うのを手伝った。フィリップは称賛の目で父親を見た。彼は大人になってからも、父親によって示されたこの教訓を長い間覚えているだろう。一時的な不運に親切かつ建設的に対処する方法。もし父親に批判されていたら、彼は同じように学べただろうか？　もし父親が次のように言ったら、フィリップはよりよい人間になっていただろうか？「さあ、自分のしたことを見ろ！　もっと注意深くなれないのか？　いつもそんなにあわてずにいられないのか？　手に触れる物をかたっぱしから床に落とすのは、どうしてなんだ？」

大切なアドバイス

無条件で次のようなアドバイスをしたい。

人格の特徴を攻撃しない。
性格や気質を批判しない。

目の前の状況に対処しよう。

人格批判は外科手術のようなものだ。それはかならず子どもを傷つけ、ときに致命傷を負わせる。ごくたまに手術が必要になるかもしれないが、それは、他に選択肢がないときに行われる最後の手段である。手術は、医師と患者双方の入念な準備を必要とする。医師は落ち着いて、安定していなければならないし、患者はみずからそれを望み、心の準備をしなければならない。

最悪の批判は人格全体に破壊的な形容詞の烙印《らくいん》を押すものだ。そのようなレッテルはだいたいが偽りで、かならず本人を侮辱し、怒らせる。トルストイはこう書いている。

もっとも広く行きわたっている迷信の一つは、すべての人間が独自のはっきりとした性質をもっているというものだ。あの人間は「やさしい」「残酷だ」「賢い」「愚かだ」「エネルギッシュだ」「冷淡だ」といった具合だ。しかし、人間はそのようなものではない。……川のようなものなのだ。……どの川もあるところでは狭まり、あるところでは急流となり、あるところではゆったり流れ、あるところでは広がり、あるところでは澄み、あるところでは冷たく、あるところではにごり、あるところでは温かい。人間も同じである。

すべての人間は自分自身のなかにあらゆる人間的な性質の芽をもっている。ときにそのなかの一つがひとりでに芽吹き、ときに別の芽が芽吹く。そして、しばしばそれまでの自分とは異なる人間になる者もいれば、同じ人間にとどまっている者もいる。

〈6章〉子どもを責めない怒り方

友に怒りを感じた。
その気持ちを伝えると、怒りは収まった。
敵に怒りを覚えた。
その気持ちを伝えられず、怒りは膨らんだ。
——ウィリアム・ブレーク

怒りの響き

さまざまなニュアンスの怒りにはけ口をあたえる表現が、数多くある。不快になる、腹が立つ、不機嫌になる、気にさわる、頭にくる、いらいらする、むかつく、かっとなる、動揺する、憤慨する、しゃくにさわる、愕然《がくぜん》とする、怒り狂う、困惑する、激怒する、など。

怒りは視覚を彩る。わたしたちは怒ると顔面蒼白になり、激怒すると紫になる。怒って赤い色を見る人もいる。それを「目から火がでる」と表現することもある。怒りにかられた人は周囲が見えなくなるのがふつうだ。怒りは身体にも症状としてあらわれる。怒ったとき、わたしたちは赤面し、眉《まゆ》をしかめ、こぶしを握りしめる。鼻孔《びこう》は震え、耳がガンガン鳴り、血が湧きたつ。かんしゃくを起こすときには、全身も震える。イライラが高じ、堪忍袋の緒を切らして烈火のごとく怒りだす人を見ればわかるように、怒ると、わたしたちは別人になる。

怒りにたいする態度

日常生活に見られる矛盾のなかで、怒りにたいする態度ほど驚くべきものはない。わたしたちは右にあげたような豊富な怒りの語彙《ごい》をもっているにもかかわらず、けんめいに怒りを抑圧しようとする。自然な感情である怒りが、わたしたちの一貫した取り扱いミスによって、異常なものとみなされてきたのだ。多くの親は、怒りを不道徳なものと考える。幼い頃から、親は子どもたちに怒りを表現すると罪悪感を感じるよう仕向ける。そのため、子どもたちは怒ることが悪いことだと信じて成長する。
子どもが怒ると、親は何と言うだろう？　ある母親のグループがこの問題について話し合った。彼女たちは自分自身の子ども時代を思い出し、親たちが荒れた感情――恨み、怒り、憎しみなど――にどう反応したかを話し合った。

ミセスA：わたしの父はただわたしが怒るのを禁じていたわ。父がこう言うのがまだ聞こえるみたい。「母親に怒りをぶつける権利をだれがおまえにあたえた？自分を何様だと思ってるんだ？」
ミセスB：わたしの父はましだった。わたしが怒ると、きまってわたしが本当は怒ってないって言うの。「おまえは疲れて、いらついてるんだ。だから、弟にそんなにいじわるだったんだ。少し休めば、気分がよくなるさ」
ミセスC：母は、わたしのなかに天使と悪魔の両方が棲《す》んでいると言ったわ。わたしが怒ると、いつもわたしに言うの。「勝手にふるまっているのは、あなたのなかの悪魔よ」って。
ミセスD：わたしが人につらくあたるたびに、母は言っていたものだわ。「よい子はそんなふうには言わないものよ。そういう気持ちを乗り越えることを学ばなくちゃ」そう言われて、なおさら不愉快になったわ。

ミセスE：わたしの母は怒りの兆候をことごとく抑えこんだの。辛らつな言葉や見苦しい場面をとてもいやがったのよ。わたし、一度、妹に嫌いだと言ったことがあるの。母は失神《しっしん》しそうになって、そんな言葉は二度と使っちゃいけないって警告したわ。「あなたが妹をほしいって頼んだのよ。今、こうして妹をもつことができたんだから、愛してやらなくちゃね、いつでも」って。今でもわたし、妹が嫌いよ。

ミセスF：わたしが怒ると、父はわたしをよくからかったものよ。「短気は損気」とか言って。わたし、よけいにカッとしたわ。それで、父に罰せられ、何時間も部屋にとじこもっていたの。惨めで、反抗心でいっぱいになって、みんな死んでしまえばいいと思った。

悲しい思い出だ。親が善意でしたことが、嘆かわしい結果を招いたという話である。これらの物語には、教訓が含まれている。古い感情は忘れ去られることはない。それらは人生によいほうにも悪いほうにも影響を及ぼす。怒りの感情に、推論、説明、否定、脅迫、説教をもって対処しようとしても無駄である。怒りの感情は振り払っても、消滅しない。強い情動は、逆巻く川と同じで、理屈で抑えこむことはできないのだ。それらの力を認め、尊重しなければならない。そして、怒りの向きを変え、ちがう回路にみちびかなければならない。そうでないと、災難を招くことになる。

怒りがあることを認める

自分自身の怒りに対処するには、怒りがあることを率直に認め、寛大に受け入れる必要がある。子どもたちに怒りを覚える五千万人のアメリカの親たちがすべてまちがっているなんてありえない。**わたしたちの怒りには目的がある。関心の高さを示しているのだ。**ときに、怒らずにいることは、愛ではなく無関心を表す。愛する人間は怒りを避けられない。だからと言って、ティーンエージャーが激怒や暴力の洪水に耐えられるということではない。「もうたくさん。わたしの忍耐にも限界があるの」という怒りは、子どもたちに益をもたらしうるという意味である。

十代の子にたいしてあまり我慢強くならないほうがいい。心のなかでいらだちを感じはじめているのに、愛想よくしつづけていれば、やさしさではなく、偽善を伝えることになる。いらだちは隠そうとせず、効果的に表現することができる。

ある父親はこんなふうに言う。「わたしは怒らないよう努めます。内側では怒りで震えていても、自分をコントロールするんです。カッとなるのが怖いんです。もし怒りを出せば、実際に息子を傷つけていたでしょう」

そのようなコントロールは長つづきしない。怒りは息と同じで、永久には抑えていられない。そのうちにかならず爆発する。わたしたちはカッとなると、一時的に正気を失い、危険になる。その果てに、相手を攻撃し、辱める。自分が愛する者にたいして、他人にするのをためらうようなことをしたり、言ったりするのだ。戦いが終わると、罪悪感を覚え、二度とカッとなるまいと決心する。ところが、すぐにまた怒りが襲ってくる。そしてふたたび、幸せにしてやるために自分の人生と愛を捧げてきた者を手厳しく罵倒《ばとう》する。

どのように怒りを表現すればいいか?

親は怒りをきっちり抑えこんでしまおうとせず、破壊的ではないやり方で表現することができる。その表現は親にある程度の安堵《あんど》感を、ティーンエージャーになんらかの洞察《どうさつ》をもたらし、いずれにも有害な後遺症を残さないものであるべきだ。怒りを表現する際、恨みと復讐の波を生みだすのを意識的に避ける必要がある。こちらの言いたいことをわからせ、あとは嵐が鎮まるのを待てばいいのだ。

困惑する状況に対処するには、以下の真実を受け入れるべきである。

1　十代の子どもと日々つきあっていると、不快感、困惑、いらだち、怒り、憤怒を感じることがあるのは事実だ。

2　わたしたちには、罪の意識や後悔や恥を感じることなく、怒る権利がある。

3　わたしたちは、感じたことを表現する権利をもっている。ただし、怒りの感情を表現するとき、子どもの人格や性格を攻撃してはならない。

自分の怒りに対処するための具体的な方法がある。とにかく困惑する状況に立たされたら、まず、**自分が動揺していることをはっきりと伝え、それ以上何も言わないこと**だ。

十五歳のゲアリーがフォークで皿をたたきはじめたとき、母親は言った。「その音、すごく不快だわ」ゲアリーはさらに数回音をたてて、やめた。

この方法が効果的だったのは、母親が息子にするべきことを言わなかったからだ。

ただ、自分の不快感を述べ、息子がそれに応えるのを当然とみなしたのだ。このアプローチを、もっと一般的なものと比べてみてもらいたい。

「ほかにもっとましなことができないの？　おとなしく座っていられないの？　わたしに頭痛をおこさせなきゃ気がすまないの？　今すぐやめてちょうだい、お願いだから！」

子どもはすぐには行動を止められないことをつけ加えておかなければならない。不作法な行いを少しの間つづける必要があるのだ。**自発的に行動を止めるのに時間がかかる**のである。次に紹介する出来事がそのことを証明している。

十四歳のギデオンが、日曜日の早朝、家の近くでバスケットボールをしていた。ボールの弾む音で父親が目を覚ました。「今日は十時まで寝ていたかったのに、ボールの音で目が覚めちゃったよ」と父は言った。「ごめんなさい」とギデオンは答えた。それから、二度ほどボールを弾ませ、姿を消した。二度ボールを弾ませたことが、面目を保つためのデモンストレーションだったことに父親は気づいた。ギデオンは命令によってではなく、自分の意志でボール遊びをやめたことを自らに示したのだ。

注意しても子どもがわずらわしい行動をやめなかったらどうすればいいのだろう？　わたしたちの短い抗議と浮かぬ顔が苦痛の種を取りのぞかなかったら、こちらの気持ちをもっと大きな声ではっきりと伝えればよい。

「それ、気にさわるわ」
「とっても気にさわるわ」
「怒りを感じるよ」
「すごく頭にきてるんだ」

これらの発言の目的は、自分の緊張をゆるめ、今、ここで、自分自身にいくらかの慰安《いあん》をもたらすことである。それらはまた、わたしたちが我慢の限界に近づいていることを、子どもに警告する役割を果たす。わたしたちの怒りの感情をただ告げるだけでも、しばしば効果がある。

突発的な怒り

我慢の限界を超えたらどうすればいいのだろう？　突然、怒りが燃えあがり、襲いかかりたい衝動にかられたら？　そのようなときのアドバイスはこうだ。

見ているものを述べる。
感じていることを述べる。
何をしてもらいたいかを述べる。
そして、当人を攻撃しない。

十五歳のローランドがお風呂に入ったあとに、母親はくしゃくしゃのタオルが何枚かぬれた床の上に放置されているのを見つけた。カッとなった母親は怒りを吐きだした。

母親：ぬれた床の上にきれいなタオルがあるのを見て頭にきたわ！　わたし、カンカンに怒ってるの！　タオルの置き場は床じゃなくて、棚の上よ！

母親はそう言うと、気持ちが楽になった。言いたいことを大声で、はっきり伝えたからだ。息子を侮辱しなかったし、息子の人格や性格を攻撃もしなかった。次のように言わなかったのだ。「だらしない人ね。散らかし屋で礼儀を知らないあなたの本当の姿を、ガールフレンドに見せてやりたいわ」そんなふうに言ったら、怒りが収まってから、恥ずかしい思いをして謝らなければならなかっただろう。「だらしない人なんて呼んでごめんね。そんなこと言うつもりじゃなかったの」と。

「頭にくるわ！」

ジンジャーはいつも、呼んでもなかなか夕食の食卓にやってこない。今夜はステーキが皿に用意できているのに、まだ自分の部屋にいた。母親は怒り、それを堂々と吐きだした。「夕食に呼んでも、なんの答えも返ってこないと頭にくるわ。本当に腹が立つ。おいしいステーキを焼いたんだから、腹立たしい思いをさせられるんじゃなくて、感謝されて当然でしょう」ジンジャーが急いで、二階から駆け降りてきた。母親の怒りは収まった。食卓での会話は自由に流れた。だれも押しつぶされたと感じなかった。全員、ステーキを楽しんだ。

「わたしが困った立場に立たされるのよ」

十七歳のグレッグは母に頼んで、歯医者の予約をとってもらった。ところがそれをすっぽかしてしまった。そのことを知った母親は激怒した。「腹が立つわ。わたしに予約をとってくれって頼んでおいて、それを守らず、キャンセルもしなかったら、わたしが困った立場に立たされるのよ」

グレッグは謝った。予約を忘れたことを本当にすまなく思ったのだ。彼は自分で歯医者に電話し、予約をとり直した。それで、この出来事は終わった。母親はほっとし、グレッグは後悔した。だれも辱められなかったし、攻撃もされなかった。母と息子のコミュニケーションは断絶しなかった。

「不愉快な気分よ」

十四歳のジョージは居間で友人たちをもてなした。ジョージと友人たちはかたづけずに出ていった。ジョージが戻ってくると、母親は言った。「カードやソーダの瓶《びん》やポテトチップスがフロア一面に散らかっているのを見て、不愉快な気分よ。正直言って、腹立たしいわ。遊んだあとは、部屋をかたづけるものよ」

「オーケー、カッカしないで、ママ、言いたいことはわかったよ」ジョージはそう言い、散らかったものをかたづけはじめた。

「あなたたちのとげとげしい態度にはうんざりだわ」

十三歳のサミュエルは姉と口論となり、侮辱的な言葉を浴びせた。母親が部屋に入っていって言った。「あなたたちの情け容赦のない敵意やとげとげしい態度にはうんざりだわ」サミュエルと姉はお互いに顔を見合わせて、噴きだした。けんかは終わった。

「わたしたち、すごく腹を立ててるのよ！」

十五歳のジョセフィーヌは、学校で開かれているダンスパーティから夜中になる前に帰ってくると約束した。ところが、午前二時に帰宅した。親は怒り狂った。怒りをぶちまけ、心配していたことを告げ、はっきりした言葉で失望をあらわにした。だが、娘を切り刻むことはしなかった。悪口も言わなかったし、人格も攻撃しなかった。性格を辱めるようなことも言わなかった。

かれらの発言の例をあげておこう。

「約束の時間どおり帰ってこなかったから、死ぬほど心配したわよ」

「どんなことが心をよぎったか想像できる？」

「わたしたち、すごく腹を立ててるの。憤慨してるのよ！　真夜中までに帰ってくると約束したら、十二時までに帰ってくると思うでしょう。わたしたちをこんな気持ちにさせるなんて、フェアじゃないわ。遅れそうだとわかったら、電話をちょうだい」

「今、わたしたち、とっても複雑な心境よ。あなたが無事だとわかってほっとしてるけど、一方で、あなたが遅れたことに腹を立ててるの」

侮辱をともなわない怒り方

侮辱をともなわない怒りを表現するのは簡単ではない。それは自然な感情の流れや、わたしたちのなかに叩きこまれた習慣に逆行するからだ。けれども、愛する者たちを傷つけずに怒りを吐きだせる新しい言語を習得しなければならない。そのような言葉を身につけた親は、より上手に自分をコントロールできるようになる。怒りの感情を子どもの助けになるような形で効果的に表現できると思えるようになるのだ。

以下に紹介する例は、親の建設的な怒り方を描いている。

「デパートでは本人の許可なしに支払いを請求したりしないわ」

この出来事は、ティーンエージャーの娘と衝突した母親がのちに語ってくれたものだ。

「侮辱をともなわない怒りというのは、とても役立つコンセプトですね。成熟した大人に必要なスキルです。時間の節約や気持ちの救いにもなります。人生には、敵意をもてあそんでいる暇なんかないという結論に達したんです。ダメージを元に戻すのに時間がかかりすぎますし、罪悪感を解消するのに相当なエネルギーが必要ですから。困難な状況に対処するとき、わたしは心のなかで自分にこう指示するんです。『もっとも伝えたいことは何？　それをじかに言いなさい。してもらいたいことをはっきりさせなさい。問題を混同しちゃだめ』

こんな例があります。週末、家を空けていて、日曜日の晩に帰ってきたときのことです。十五歳になるグロリアが駆け寄ってきてこう言ったんです。『お母さん！　わたしが買った服を見て。ものすごくすてきなの！　請求はお母さんの口座にいくようにしておいたわ』脳に火花が散りました。『どういう神経してるの！』『そんなずうしさをどこで身につけたの？』『自分を何様だと思ってるの？』といった考えがどっと心に押し寄せてきました。でも、実際にはこう言ったんです。『デパートでは本人の許可なしに支払いを請求したりしないわ！』

グロリア（防衛的になって）：でも服を盗んだんじゃないのよ。何をそんなに頭にきてるの？

母親（主要なメッセージに焦点を当て）：デパートでは本人の許可なしに支払いを請求しないことになっているってことよ！

わたしは自分のベッドルームに行って、ドアを閉めました。娘が見せびらかし、今、着てみせようとしている〝陰うつなラベンダー色の代物〟を、自分のものにできないということを、どう話したらいいか考える時間が必要だったんです。それは濃い紫のベルベットのベルトがついた、ミニ丈のフリルつきワンピースで、仮面舞踏会の衣装のように見えました。それを学校に着ていくつもりだったんです。グロリアはドアをノックして言いました。『開けてちょうだい！　わたしが着ているのを見てみて。わたしにぴったりなの。すごく、ロマンティックに見えるわ』

ドアを開けると、色が目に飛びこんできました。わたしはうんざりし、いらだっていたんですが、同時に、娘が土曜日からずっとわたしを待っていたことも、それを忘れさせてくれる気晴らしが何もなかったこともわかっていました。

わたしは気分に流されずに親としてのスキルをきちんと遂行《すいこう》することにしました。まずやらなければならないのは、娘の趣味のセンスを脅かすことなく、服を戻させることでした。そこで、こう言ったんです。『あなたがその服を気に入っているのはわかる。でも、学校に着ていくのにはふさわしくないわ。第一、高価すぎるでしょう』『でも、この色、すてきじゃない?』万力《まんりき》に身体を締めつけられるような気がしましたが、もう一度がまんして、正直に言ってみることにしました。『その色を好きな人もいるでしょうね。でも、わたしの好みじゃないわ』『どうして?』と娘は言いました。『服の色としては好みじゃないの。だけど、絵を描くときには、その色を使うのが好きよ』とわたしは答えました。

この時点で、娘は口論したがっていましたが、わたしは要点をつくことだけに専念したんです。『この服をあなたがどれだけ気に入っているかはわかるわ。それを戻すのはつらいでしょうね。明日の午後、戻しに行ける?』『……いえ、夜だったら行けるわ』と娘はゆっくりと言い、急いでおやすみのあいさつをして出ていきました」

「不愉快になるわ」

次のエピソードを話してくれたのは、十六歳の少女をもつ母親である。

「娘はときどき、わたしをからかう癖があるの。冗談半分にわたしを困らせるようなことを言うのよ。一度、娘にこう言ってやったわ。『そういう話を聞くと、不愉快になるのよ』って。そうしたら、先だって娘が何か言いたそうにしていると思ったら、言うのをやめてこう言ったの。『忘れてたわ。ママがこんな話、好きじゃないのを』って」

「わが家では、復讐や報復は禁じられてるんだ」

十五歳のロイが、侮辱された腹いせに、兄のベッドからマットレスをはぎ取って落とした。父親が仲裁に入った。断固とした声で父親は言った。「わが家では、復讐や報復は禁じられてるんだ。それはわたしが大切にしている価値観に反するからな」少年たちは信じられないという顔をして父親を見た。終わりのない口論になるかもしれなかったことに、それで終止符が打たれた。

怒りの手紙

親によっては、怒りを手紙にしたためるのを好む。次に紹介する手紙はいらだちと期待をうまく伝える効果的なコミュニケーションの一例である。

親愛なるテルマ
あなたに直接話すと、カッとなって、言いたいことが言えなくなりそうだから、手紙を書きます。
わたしは必要もないのに朝、起こされるのが嫌いなの。今朝は、遅くまで寝ていられると期待していたわ。今週、そのチャンスがある唯一の朝だったから。うちの子どもたちは、親の助けがなくても学校に出かけられるのを、わたしはずっと誇りに思っていたのよ。でも、今朝の行動はほめられたものではなかったわね。
それから、あなたのベッドルームのドアはいつも閉めておいてもらいたいの。あなたの部屋のなかの様子は、見て楽しいものではないもの。とくにぞんざいに扱われているタイプライターを見ると、心が痛むわ。タイプライターはデリケートな機械なので、大切に扱わなければならないのよ。昨夜わかったように、落ちると壊れるの。衣服も注意して大切に扱う必要があるわ。しわくちゃのぼろ切れは魅力的に見えないわ。手紙で返事をちょうだい。

愛するママより

変化のプロセス

怒りを表現する習慣的なやり方を変えるのは容易なことではない。新しい習慣を身につけるのは大変である。それには葛藤、努力、決断がともなう。ある母親は変化のプロセスの段階を次のように述べている。

1 子どもを侮辱し、それについて考え、悩む。
2 ふたたび感情を傷つけるコメントをする。言葉が口をついて出てしまうのをとめられない。
3 自分が侮辱的な発言をしようとしていることを意識する。でも、自分をとめられない。自分にたいするいらだちが生じる。改善しようと心に決める。
4 気にさわる状況がまた出現する。古い方法を使えないが、新しい方法の使い方もまだわからない。自分の言葉に、それまでとはかすかにちがうニュアンスを感じる。

5　自分自身にいらだちを感じ、状況を振り返って「……と言うべきだった」と思う。何度もその状況を振り返ってみる。

6　いまや、危機が訪れるのをほとんど待ち望むようになる。新しいアプローチを使うことができるからだ。チャンスはすぐにやってくる。今回は準備ができている。怒る口調は同じだが、言う内容が新しくなっているので、だれもが驚く。だが、その手法はまだしっかり身についてはいない。

7　侮辱も攻撃もせず、確信と権威をもって、あらゆる種類の怒りを表現しはじめる。この新しいアプローチは自身の人格の一部に組みこまれる。そしてそれをミュージシャンのように演奏する。

8　自分の行動や言葉に子どもたちが喜びをもって反応する。

9　まあ、自分もただの人間にすぎないから、まちがいを犯す。ときどきしか、このアプローチを使うエネルギーがなくなる。スキルと善意を総動員しても、なんの効果もなく、無力感に襲われ、がっくりくるつらい瞬間がある。

10　立ち直り、実験と学習をつづける。自分自身にこう言う。「どんな手法も完璧じゃないけれど、これはわたしが得た最高のもの」

〈7章〉子どものためになるほめ方

ほとんどの大人は、正直にほめることがすべて子どものためになると信じている。親や教師は一も二もなくほめることを支持する。ほめることは自信を培《つちか》い、安心感を抱かせ、自発性を後押しし、学習を動機づけ、善意を育み、人間関係を改善すると考えられているのだ。

もしほめることがそれらすべてを達成できるのなら、どうして不安な子どもや退屈な学生、やる気のない劣等生、挑戦しようとしない落伍者《らくご》がいまだにたくさんいるのだろう？　進んで非行に走る少年少女がたくさんいるのはなぜだろう？

明らかに、何でもかんでもほめればいいというものではないのだ。ほめても、何の効果もないばかりか、逆効果になることさえある。

どんな反応を生むか?

ほめることはおべっかを言うことではない。おべっかは不誠実で、便宜《べんぎ》的である。ほめることは、ある人間や行為を嘘偽りなく肯定的に評価することである。ところが、たとえ誠実であっても、ある種の称賛は期待とは裏腹の結果をもたらすことがある。不快感、不安、罪悪感、不品行などに導く場合があるのだ。ティーンエージャーは以下のようなほめ言葉にどのように反応するだろう?

「あなたはとても賢いわ」
「あなた、すばらしい仕事をしたわ」
「おまえは偉大なミュージシャンだ」

こういうほめ言葉に子どもは喜びをもって反応しない。ふつうは、自信をくじかれ、否定する。

「口先だけだろう」

「ぼく、そんなんじゃないよ」
「わたし、それほどうまくないわ」
「ぼく、そんなにほめられるに値しないよ」
「ただ幸運だっただけよ」
「おべっかを言ってくれなくてもいいよ」

こうした発言は自信も心地よさも反映していない。逆に、防衛的に聞こえる。称賛が呑みにくい苦い丸薬でもあったかのようだ。少女にかわいいと言うと、少女は赤面する。少年に優秀だと言うと、少年は否定する。あるプロジェクトを成し遂げたことで、ティーンエージャーをほめると、彼はすぐにプロジェクトの不備な点を指摘する。つまりこうした称賛は居心地の悪い感情を生むようなのだ。

どうやら、ほめられることに対処するのは子どもにとって簡単なことではないらしい。努力とエネルギーがいるのだ。なぜティーンエージャーはほめられることにたいして、そんなに防衛的になるのだろう？

ほめるのは一つの評価である。評価は不快である。評価する者は判定を下し、判定を下される者は不安になる。

罪悪感を抱かせるほめ方

エドナの母親は深刻な病にかかって入院した。十二歳のエドナは母のお見舞い状を作った。それには一錠のアスピリンと一ペニーと一枚のバラの花びらがテープできれいに貼ってあり、次のような文面が添えられていた。「お母さんが健康で、裕福で、幸せでありますように」母親は娘の心遣いに心を動かされ、娘にこう言った。「あなたはよく気がきくし、いつも思いやりがあるわ。本当にいい子ね」

エドナは青くなって、トイレに駆けこむと、泣きながら吐きはじめた。母親はほめたことと娘の反応に関係があるのではないかとすぐに疑った。数週間後、母親はこの出来事をある心理学者に話した。心の底からの賛美が娘の気分を悪くさせた原因を知りたかったのだ。

「たぶん、それはほめたせいじゃなく、お見舞いに行った興奮と、暑い天候のせいだったんじゃないですか」と心理学者は言った。

「いえ、そんなことはないですよ」と母親は言った。「エアコンのきいた部屋だったし、わたしがほめる前、エドナはとても元気だったんです」

エドナは母親の称賛を消化できなかった。なぜだろう？　子どもは怒ると、親にさまざまな災難がふりかかるよう願うことがある。闇夜に車がパンクする、足首をねんざする、入院する、喉頭炎が長引く、極端に暑い地域に出張する、といったことだ。突然の死を願うことさえある。

母親が病気になったとき、エドナは罪悪感を抱いた。自分の願望が現実になったのではないかと恐れたのだ。エドナはお見舞い状によってその罪悪感を消そうとした。「お母さんが健康でありますように」は「お母さんが病気になりますように」の解毒剤だった。母親がエドナをやたらにほめたので、エドナはさらに罪悪感を抱かずにいられなかった。エドナはこんなふうに思ったかもしれない。「わたしが怒ったとき、心にどんな考えがよぎるか、もしお母さんにわかったらどうしよう」

では、娘にお見舞い状をもらったとき、母親はどんな言い方ができただろう？　子どもについてではなく、もらったお見舞い状について何か言えばよかったのだ。たとえば、こんな具合に。

ありがとう。このお見舞い状、気に入ったわ。とってもかわいいし、気がきいてる。「お母さんが健康で、裕福で、幸せでありますように」って、すてきね。なんだか気分がよくなってきたわ。

こう言われれば、エドナはきっと喜んだだろう。

悲観させるほめ方

十三歳のエミリーが一篇の詩を書いた。

先生：あなたは優れた詩人ね、エミリー。
エミリー：そうだったらいいけど、そうじゃないことを知ってるわ。
先生：どうしてそんなことを言うの？　あなたは優秀よ！
エミリー：わたし、エミリー・ディキンソンじゃないわ。永遠になれっこない。
先生：でも、あなたの年齢にしてはうまいわ。
エミリー：不幸にもね。

正直な賛美がなぜそのような抵抗や悲観主義にあうのか、先生は不思議に思った。「あなたは優秀な詩人ね」と言われるのは、少女にとって怖いことなのである。あらゆる偉大な詩人（現役または死んだ詩人）たちと競争する立場に追いやられるからだ。少女は即、こう結論するかもしれない。「わたしは、ロングフェローやフロストやバイロンやシェリーやキーツのように抒情詩を書けないわ。E・B・ブラウニングのように〝ポルトガル人からのソネット〟も書けないし、ホイットマンのように〝草の葉〟も書けないわ」

エミリーの先生にはこうアドバイスしたい。詩人ではなく、詩をほめるように、と。十三歳のエリオットがすがすがしい春の詩を書いたとき、先生はこう言った。「わたし、あなたの詩が好きよ、エリオット。『春の朝、心のなかで喜びが忍び笑いをする』という行を読んだとき、わたし自身の心のなかで、喜びが忍び笑いするのを感じたの」

喜んだエリオットはにっこりと微笑み、自分の将来の夢について話した。そして、勇気づけられ、感謝して去っていった。その先生はエリオットを「偉大」だとか「すばらしい」とは形容しなかったが、そう感じさせた。エリオットをほめるかわりに、彼の詩を称賛した。そのうえで、詩の一行を引用して、どう感じたかを話すことにより、自分の称賛が根拠のあるものであることを示したのだ。その先生は次のようなメッセージを伝えたかもしれない。「わたしを喜びで笑わせたのは、フロストやバイロンや他の詩人ではなく、あなたなのよ」エリオットはこう思ったかもしれない。「ぼくの詩が、人々を幸せにしたり、悲しませたり、切望させたりできるんだ」これは、詩作をつづけていく十分な動機になる。

子どものためになるほめ方

称賛は批判同様、破壊的にもなりうる。「あなたはいつもよい子ね」「あなたはいつでも寛大ね」「あなたはいつも正直ね」こういったほめ言葉は不安を生みだす。それは子どもに実現不可能な義務感を押しつける。いつもよい子で寛大で思いやりのある人間になど、だれもなれない。そのようなことは人間的ではない。

十八歳のある大学受験生は自分の長所として次のようなものをあげた。「ときどき、注意深く、勇敢で、賢く、楽しげで、手際がよく、親しみ深く、親切で、役に立ち、陽気で、やさしく、誠実で、巧みで、こざっぱりし、従順で、礼儀正しく、機知に富み、冷静で、信頼がおけ、有益で、慎重で、健全で、情熱的であること」願書の「あなたの欠点をあげなさい」という箇所には、「ときどき、長所に反する行動をすること」と書いた。

人格や性格を評価する賛美は不快感や不安を生む。努力や達成したことに触れ、こちらの気持ちを素直に表現する賛美は子どものためになるし、子どもを安心させる。

十六歳のエリックは庭掃除をした。芝を刈り、落ち葉をかき集め、木に水をやったのだ。父親はそれに感銘《かんめい》を受け、上手に息子をほめた。庭を見渡し、息子がやったことを言葉にして述べたのだ。

父親：わが家の庭が庭園みたいに見えるな。
エリック：本当？
父親：見るのが楽しいよ。
エリック：それはよかった。
父親：がんばったよな。一日で全部やり終えたんだから！　ありがとう。
エリック：いつでも言って、パパ。

父親はエリックの人格をほめなかった。エリックの性格を評価することもしなかった。実際に、父親は人間としてのエリックについては一言も言わなかった。庭のことや喜びの感情を述べただけだった。エリック自身は父親に言われたことを総合して、こう結論した。「ぼくはよい仕事をした。父親が喜んでいる」こうしてエリックは、いつでも庭掃除の手伝いをしてやろうという気になった。

葛藤させるほめ方

トッドは言う。「親父はずるい。ぼくの心理を巧みに操ろうとするんだ。ぼくをギャフンと言わせたいときにはかならず、まずぼくを持ちあげる。そのあとで責めるんだ。『すべての教科でよくやってるようだな。だけど、スペイン語は落とした。弁解の余地はない。弁解しても聞かんぞ。もっと勉学に励むんだ。わたしがおまえを誇りにしてるのを知ってるだろう』」

多くのティーンエージャーは条件づけられているので、ほめられるとかならず、次にショックを受けると予想する。**批判と称賛を織り交ぜるのが親の慣行となっているが、それはやめたほうがいい。**不誠実な称賛と批判の混合より、正直な賛美や批判に対処するほうがやさしいし、混乱もしない。

評価せずに、ありのままを述べる

新しいほめ方のモットーはこうである。**「評価せずに、叙述すること。人格をほめるのではなく、出来事を扱う。性格を評価せずに、気持ちを述べる。人間を称えるのではなく、達成したことの現実像を示そう」**直接的な人格の賛美は、直射日光のようにまぶしすぎて不快なのだ。「あなたは偉大だ、すばらしい、寛大だ、つつましい」などという賛辞を聞くのは、若者にとって、当惑させられることである。若者はそれを否定したい気持ちにかられる。少なくとも、賛辞の一部は自分にあてはまらないと思うだろう。実際に、当人は賛辞を拒絶するだけではなく、賛辞する者にたいする見方を変えるかもしれない。「ぼくを偉大だと思っているなら、かれらはあまり賢くないな」

自己イメージを高めるほめ方

子どもを評価するのではなく、子どもの成しとげたことや努力を言葉にして認めてやると、子どもはそれらの言葉から肯定的な自己イメージを組み立てやすい。ほめることは二つの部分からなっている。わたしたちの言葉と、ティーンエージャーの結論である。真の意味で、称賛とは、わたしたちが述べたあとに、子どもが自分自身に向かって言う言葉である。ほめるときには、子どもの勉強、努力、達成、熟慮、創造の何を好み、評価するかを鮮明に述べるべきである。できるだけ具体的な出来事や自分の具体的な気持ちを述べたほうがよい。そうすれば、ティーンエージャーは自分の人格や性格について一般的な結論を引き出す。わたしたちの言うことが現実的で、共感を示すものなら、子どもの推論は肯定的で、建設的なものになる。いくつか例をあげてみよう。

子どものためになるほめ方（叙述的）：洗車をしてくれてありがとう。まるで新車のようだな。

子どもが思うこと：ぼくはよい仕事をした。ぼくはかなり能力がある。父親が喜んでいる。

（**子どものためにならないほめ方**〔評価して〕：おまえはすばらしい。洗車の達人だ。おまえの助けがなければ、どうしていいかわからんよ）

子どものためになるほめ方：バースデーカード、ありがとう。笑いをこらえられなかったわ。すごくおかしいんだもの。
子どもが思うこと：わたしはうまい選択をした。自分の選択を信頼してもいいんだ。よい趣味をもってるんだから。
(**子どものためにならないほめ方**：あなたって、いつも思いやりがあるのね)

子どものためになるほめ方：上手に妹のお守りをしてくれたわ。おかげで一日とくしたわ。ありがとう。
子どもが思うこと：わたしも役に立てるんだわ。わたしの努力が感謝されている。わたしもまんざらではないのね。
(**子どものためにならないほめ方**：あなたの思慮深さはいつも頼りになるわ。あなたはすばらしい子ね)

子どものためになるほめ方：わたしの財布を見つけてくれてありがとう。とても感謝してるわ。
子どもが思うこと：わたしの正直さが感謝されている。がんばってよかった。

(子どものためにならないほめ方：あなたはいつも正直ね)

子どものためになるほめ方：おまえが作った本箱、気に入ったよ。役に立つし、見ばえもいい。

子どもが思うこと：ぼくはよい仕事をした。ぼくには能力があるんだ。

(子どものためにならないほめ方：おまえは立派な大工だよ)

子どものためになるほめ方：あなたの部屋の整理の仕方が好き。すべてがおさまるべきところにおさまってるわ。

子どもが思うこと：わたしは趣味がいいのね。

(子どものためにならないほめ方：うわあ、あなたってすごいのね)

子どものためになるほめ方：あなたの作文、気に入ったわ。いくつか新しいヒントをもたらしてくれたの。

子どもが思うこと：わたし、独創的になれるのね。

(子どものためにならないほめ方：あなたはすばらしいライターね。もちろん、綴

りは改善する余地があるけど）

子どものためになるほめ方：あなたの詩を読んで、若返った感じ。とても元気がよくて、生命力に満ちているわ。

子どもが思うこと：わたしの詩は力があるのね。才能があるんだわ。

（子どものためにならないほめ方：あなたは優秀な詩人だわ）

子どものためになるほめ方：今晩、お皿を洗ってくれて感謝してるわ。たくさん洗い物があったのに、わたし、疲れきっていたの。

子どもが思うこと：ぼくも役に立てるんだ。感謝されてる。

（子どものためにならないほめ方：あなたは皿洗いの達人よ）

子どものためになるほめ方：おまえの歌を聞いたら、立ちあがって踊りたくなったよ。とても椅子にじっと座ってはいられん。

子どもが思うこと：ぼくは人に影響をあたえられるんだ。ぼくの歌が心の琴線《きんせん》に触れたんだ。ぼくにも貢献できることがある。

〈子どものためにならないほめ方：おまえは偉大なシンガーだよ〉

わたしたちの叙述的な賛美とティーンエージャーの肯定的な推論が、心の健康の土台となる。子どもはわたしたちの言うことを聞いて、こう結論する。「わたしは好かれている。感謝されている。敬われている。有能だ」このような結論を、子どもは再三、自分のなかで密かに反復する。そのようにして反復される言葉が、自己イメージや周囲の世界像の大部分を形づくるのだ。

〈8章〉子どもの目に大人はどう映っているか

論理には限界がある

わたしたちは親として人生について考える。事実と筋の通った論理を頼りに、考え、概念化し、口論し、理屈を並べる。家の外でなら、これらは人生に対処する有力な武器となる。けれども、自分の子どもたちが相手だと、威力を発揮しない。家族間では、論理には限界がある。冷たすぎて心を暖めてくれず、長い不満の冬をもたらす。

ティーンエージャーはわたしたちの理性を打ち負かす。親が成功とみなすもの、たとえば、お金、地位、経済的利益などを拒絶する。十代の子どもたちは仲間に認められること、友だちの信頼を勝ち得ること、異性に愛されることなど、触れることのできない報酬を追い求める。

子どもたちと戦争しても、親に勝ち目はない。時間もエネルギーも子どもたちに味方する。たとえ、戦いをしかけて勝ったとしても、子どもたちは恐るべき復讐をすることが可能である。反抗して怠け者になることもできるし、受け身になって神経症になることもできる。子どもはあらゆる武器を握っているのだ。怒りにかられれば、十代の男の子なら車を盗めるだろうし、女の子なら妊娠することだってできるだろう。子どもはわたしたちを死ぬほど心配させたり、わたしたちの世間体に泥をぬったりもできるのだ。

このような状況を、エリア・カザンは『アメリカの幻想』という小説のなかで描いている。

のんびりした暮らしのなかにあって、唯一のトラブルの種はフィネガンの息子だった。彼は大酒のみで……父親の世間体を汚すためなら、何でもするという覚悟でいた。……ある時点で、フィネガンは息子を勘当《かんどう》し、手切れ金として一定額のお金を渡す決心をした。少年はそのお金で、父親の秘密を暴露する印刷物を作り……だれかれかまわずただで配った。

すべての親はフィネガン同様、傷つきやすいところをもっている。かれらは攻撃によって勝利を収めることはできない。親が勝てる道は一つしかない。子どもを味方につける道である。それは不可能なことに思えるかもしれないが、わたしたちの能力の範囲内にある。どこからはじめたらいいのだろう？

ヘブライの聖人は言った。「知恵のはじまりは沈黙である。第二段階は聞くこと」以下に紹介するのは、十代の子どもたちの言い分である。それらに耳を傾けてみよう。

「冷酷な知性」

十八歳のハリエットは言う。

「わたしの父はインテリであるのを自慢しています。何事も合理的に考え、理屈づけるんです。父はどんな問題でもあらゆる角度から見、公平を期そうとします。でも、しばしば父に腹が立ち、何がなんだかわからなくなるんです。悪い人じゃないんですよ。公平だし、しみったれてもいません。だけど、冷酷な知性の持ち主なんです。父の精神は固いかなづちのようですし、その論理は鋭い釘に似ています。わたしがコメントしたり、質問したりしようものなら、わたしを拷問《ごうもん》にかけます。わたしが何かについて話すと、どこでどうやってそれを知ったのか、いちいち詮索しようとするんです。そして、わたしの思考の足跡をていねいにたどり、それがまちがっていることを証明するんです。もっと頭が悪くなって、人間らしくなってほしいんですよ！　何かを衝動にかられてやれるようになってもらいたいんです。父が道端で立ちどまり、花を摘《つ》んだり、散歩したり、夕陽を眺めたりする姿は想像できません」

「ぼくは父のようになりたくない」

友だちに宛てた手紙のなかで、十七歳のハロルドはこんなふうに書いている。

「大人を見ていると、欲の皮がつっぱって、野心満々に見えるんだ。かれらが人生に望んでいるのは、高額の預金残高と田園に囲まれた家と二台の車とヨットだけさ。ぼくの両親はそれ以上の物をもっている。父親は裕福なんだ。ほぼ何でももってるよ。家のなかは新しい電気製品でいっぱい。それで、父は幸福だろうか？　いや、惨《みじ》めなんだよ。働きすぎて、疲れきってるんだ。いつも時間と税金の支払いに追われている。頭痛と疑問に悩まされてるんだ。成功のはしごを登って父が見出したのは、まだ上があるということだけで、どこにも行きつかないということなんだ。今、父はパニクっている。父はうつの発作に見舞われ、老化がはじまっている。名を馳《は》せた今、父は疲れきった老人になっているんだ。ぼくは父親のようになりたくない。蓄財したり、物をためこんだりしたくはないんだ。そんな〝成功〟なんかうんざりさ。ぼくは愚かな出世競争から降りる決心をしたんだ」

「親がかわいそうだと思う」

十八歳のスチュアートは言う。

「親がかわいそうだと思う。かれらはお金を夢見て人生を棒にふってきたんだ。ぼくの父は人生を生きていない。人生を計算してるんだ。必死になって足したり、引いたり、投資したりしている。そのため、数字に取り囲まれているんだ。母もいっしょに金塊《きんかい》探しをしている。でも、幻滅して、苦々しく感じてるんだ。心の奥底では、自分たちがやせ細った人生を送っているのを知っているのさ」

「どんどん疑りぶかくなっている」

十七歳のミッチェルは言う。

「ぼくは人生を深刻に受けとめる。倫理的に生きたいんです。だけど、どんどん疑りぶかくなっている。公言した理想にしたがって生きることをだれも期待していないのに気づいたんです。そんなことをしようものなら、世間知らずとみなされる。偽善が制度化されているんです。家庭でも、学校でも、社会でも偽善が奨励されている。ぼくの父は個人的なつきあいにおいてはとても倫理的です。ところが、ビジネスではほとんど詐欺師に近い。母親は政治的にはリベラル派ですが、近所に黒人が引っ越してこないことを祈り、願っているんです」

「父は人生を公式にあてはめようとします」

十六歳のハワードは言う。

「ぼくの父は科学については多くのことを知っていますが、人間のことはほとんど知りません。父は科学者で、人生を公式にあてはめようとします。秩序をもとめる欲求が強く、何でもコントロールしたがるんです。だから、いつもいらついている。人生は父にとってあまりに混沌としすぎているんです。父自身、自由を感じることは決してありません。気持ちをコントロールし、従業員をコントロールし、母親をコントロールし、ぼくをコントロールしようとします。他人にたいする寛容さがひとかけらもないんです。まったく人間的ではありません。制御された実験のようなものです。父はぼくを愛してると言います。でも愛されてるなんて感じません。ぼくにとって最高の父親になりたいって言うんだけど、どうやってそうなるつもりなんでしょう？　ぼくのことをまだよくわかっていないのに」

「親父の夢」

十七歳のニコラスは言う。

「親父の心のなかには、理想の息子像があるんだ。ぼくをその理想像と比べると、親父はひどく落ちこんでしまう。ぼくは親父の夢に合わせてなんか生きていない。子どもの頃から親父の失望には感づいていたよ。親父はそれを隠そうとしたけど、声の調子や言葉や気まずい沈黙など、ちょっとしたところで出てしまうんだ。親父はぼくのことを自分の夢の生き写しにしようとけんめいだった。それに失敗したとき、ぼくをあきらめたんだ。だけど、深い傷を負った。永遠に消えない挫折感を背負いこんだんだ」

「ぼくは母さんの人生における唯一の興味の対象なんだ」

十五歳のモンローは言う。

「母さんはたとえ死んでも、ぼくを幸せにしてやろうという気でいる。ぼくは母さんの人生における唯一の興味の対象なんだ。母さんの主な関心事はぼくの健康と宿題と人づきあいさ。いつでも一生懸命、働いてる。ぼくのためにあらゆる種類の不必要なことをするのをやめないんだ。ぼくがぜったいにはかない靴下の穴を繕《つくろ》いさえするんだから。ぼくが病気になると、ヒステリーになる。わが家は抗生物質とチキンスープに満たされたドラッグストアに早変わりさ。病気のときも、健康のときも、ぼくをタカのように見張ってるんだ」

「母にもっと成長してもらいたいわ」

十六歳のヘンリエッタは言う。

「わたしの母は未熟です。いつでも何かを手伝ってもらいたがってます。家を切り盛りする仕方もわかっていませんし、わたしたちの面倒も見られません。整頓ができず、無力です。イエローページの使い方も知りませんし、週末の旅行のためにスーツケースに何をつめていけばいいかもわかりません。わたしは生活がとどこおらないようずっと母親を助けてきました。だけど、母はわたしに頼りすぎるんです。『あなたの助けがなくては、どうすればいいかわからない』と母は言います。母にもっと成長してもらいたいわ」

「わかりきったことを語ります」

十六歳のヘレンは言う。

「母は開かれた心をもてと言います。母の心は開かれていますが、空っぽなんです。自分自身の考えをもっていません。午前中はスポックになって語り、夜はフロイトになります。わかりきったことを、さもえらそうに語るんです。さまざまな危険や因果関係について細かくわたしに忠告します。真剣なんですが、こっけいに聞こえてしまうんです。笑わずにはいられません。母のプライドは傷つくんですが、熱意は収まりません。あるとき、わたしの将来の運命が見えたと言いました。学校の面汚しになり、家族の誉《ほま》れにもなれず、貧民街で朽ち果てるだろうと言うんです。わたしはオスカー・ワイルドがかつて言ったことを母に言ってやりました。貧民街で暮らすようになるかもしれないが、星々を見上げて暮らすだろうと」

「元祖ミセス・クリーン」

十七歳のラルフは言う。

「ぼくの母さんは元祖ミセス・クリーンですね。掃除マニア、標準サイズのゴミ袋ってところかな。タバコを一服ふかすと、すぐ灰皿を空にしはじめるんです。ぼくの家は家庭というより、地雷がしかけてある野原のようなものですね。ある種の爆発に出会わずには、一歩も進めません。ちょっとした紙くずでも、母さんは傷つき、いつも金切り声を出しています。母さんにこう言うんです。『あのね、母さん、人生はただいつも掃除するためじゃなくて、生きるためにあるんだぜ』すると、母さんは腰を屈めて絨毯に落ちたパンくずを拾いながら、『あなた、豚小屋のなかで暮らしたいの』と答えます。母さんがかわいそうですね。シミ一つない無菌の人生なんて」

「男と男の話」

十九歳のホールデンは言う。

「親父とじっくり真剣に語り合ったんです。男と男の話ですね。父の世代に失望したとぼくは言いました。お金への愛、人々からの搾取《さくしゅ》、誠実さを欠いたビジネス、政治の腐敗、血なまぐさい戦争などを例にあげてね。父親は答えました。『おまえは世界を見て、何かが欠けていることに気づいた。おまえはよりよい世界をつくりたいと思っている。お父さんは反対せんよ。だが、おまえの新しい世界は、もっと洗練する余地がある。粗野な言葉遣い、大音響の音楽、みだらな文学は好きになれん。わたしの人生が矛盾していることは認める。それを解決する糸口はない。けれども、おまえの絶対的真理よりわたしは不確実であるほうがいい。おまえは自分の解答に自信をもっている。あらゆる問題にたいして、おまえは即効の解決策を用意してるんだ。おまえたちの反抗する権利や改革する権利を否定はしない。それは若さの特権だ。わたしの仕事はつくりだされたカオスから伝統を守ることだ』親父を評価しなければなりません。よく耳を貸し、よくしゃべってくれます。そのおかげで、ぼくも考えさせられますから」

あるセラピストへの手紙

次に紹介する手紙はセラピーの終わりに、ティーンエージャーの少女によって書かれたものである。「やっかいな」ティーンエージャーを抱える両親にも希望のメッセージをあたえるものだ。

「わたしを愛してくれてありがとう。そんなふうに言うのは変なことです。けれども、あなたの愛を受け入れたことを本気で伝えたいのです。あなたの愛がわたし個人にだけ向けられたものではなく、全人類の威厳を敬う気持ちに裏打ちされているのはわかっています。だからわたしは、何事にも脅《おびや》かされることなく、素直にそれを受け入れ、すてきな幸せを感じることができるのです。かつて、愛は所有、競争、達成などと混同されていました。わたしはだれかれかまわず喜ばせようとすることによって、愛を得ようとしていました。愛を得るために、親の寛大ささえ利用しようとしました。そして、親の怒りや苦痛に罪悪感を抱いていたのです。かれらはきっとわたしに手を伸ばそうとしたのでしょうが、わたしは手の届かないところにいたのです。

セラピーは洞察だけではなく、自分を成長させる基本的なスキルもあたえてくれました。わたしは混乱した状況を乗り越える術や、不可解な大人の世界の地獄から一時的に救済される術を学びました。先週、十八回目の誕生日を祝いました。わたしには、まだたくさんの未解決の問題があります。でも、あなたと同じように、それらを解決するのにまだ遅くはないと思っています。わたしの過去の行いを言葉で謝罪したくはありません。謝罪が正直なものだとは信じられないのです。自分が変わることで報いたいと思っています」

〈9章〉人づきあいとデート

人気者にならなくてもいい

高校の学校新聞に、二つの顔をもった微笑む少女の漫画が載っている。キャプションにはこう書かれている。「人気を追い求めるミス優柔不断」大学の新聞の同様な漫画には、こう書かれている。「ミス人気者。学生寮のドアマット（いつも踏みつけにされている人という意味がこめられている）」

これらの漫画は人気を追い求める者にたいするティーンエージャーの態度を描いている。かれらは尊敬されない。利用され、軽蔑される。にもかかわらず、多くの親は人気を重視し、自分の子どもたちに古い時代のアドバイスをしつづけている。

十六歳のイングリッドは言う。

「わたしの母は、クラスの人気者になるにはどうすればいいかに関する必勝法を知ってるの。『いつもやさしくし、微笑みを絶やさない。何事にも関心を示し、情熱をもって取り組み、女の子と言い争いはしない。男の子には刃向かわない』というルールよ。だから、母にこう言ってやったの。『つまり、わたしに偽善者になってほしいのね!』って。そうしたら、わたしを醒《さ》めた目で見て言ったわ。『あなたはまだ子どもなのよ。人生において、好かれることがいかに重要なことか、わかっていないんだわ』」

ティーンエージャーにとって、まやかしの人気を拒《こば》むのは名誉なことである。人気を得ようとすると、妥協をもとめられ、高くつくことを子どもたちは知っているのだ。永遠にぶりっ子を演じなければならなくなると、代償はあまりにも大きい。人気は故意に追い求めるべきものではない。人生の目標ではなく、副産物にすぎないのだ。

親は人気を追い求めるよう子どもをせきたてるべきではない。自分の気持ちに素直になり、必要なときには一人で立ち上がる勇気をもつことに価値を置くべきである。ティーンエージャーは群衆心理に抵抗して、飲酒や喫煙を断り、度胸試しを避け、自分の価値観を守る勇気をもつ必要がある。子どもの命や安全性はときに、嫌われるのをいとわない能力や、ませた仲間のまねをすることを慎む能力にかかっている。子どもへの親のメッセージは次のようなものであるべきだ。「わたしたちは人気より誠実さを重んじる。人づきあいのうまさより個人の礼節を重視する」

十三歳のジャネットがパジャマパーティを開くことにし、十人の少女を招待した。そのなかの一人の少女がみんなの嫌われ者で、彼女が来るなら参加しない、と他の多くの子が言った。思い悩んだジャネットは、その子たちの要求に応じる覚悟をした。ところが、両親がそれに反対した。「わが家では、プレッシャーに負けて、友だちを切り捨ててはならないと強く主張したのだ。友だちへの忠誠心が人気よりまさっているのだ」と父は言った。

価値観を貫こうとする親の姿勢はティーンエージャーに強烈なインパクトをあたえる。たとえわたしたちの言うことが気に入らなくても、子どもはわたしたちの強さを尊敬し、わたしたちの誠実さを評価する。わたしたちの勇気や公平さの主張から、子どもたちは誇りや尊厳を引き出すのだ。

二人きりのデートは負担になる

子どもに人気者になってもらいたいと思う親は、しばしば子どもにデートを勧めるが、ティーンエージャーに交際を押しつけるべきではない。子どもたちはもう少し長く、パーティよりも野球を、ダンスよりも読書を、デートよりもフィッシングやスキユーバ・ダイビングを好むのを許されるべきである。二人きりのデートは多くの男の子や女の子にとって重荷となる。多くの若者は自発的にはそのようなことを選ばない。そうした状況を楽しむのは大人であり、大人の目には、子どもたちのぎこちなさがかわいらしく映る。十二歳の少年にタキシードを着せたり、十二歳の少女にコサージュを身につけさせたりすることには、どこかばかばかしさがつきまとう。内気な子どもや敏感な子ども、成長の遅い子どもなどは、花開く時期を迎える前に傷ついてしまう可能性がある。

次のようなセリフは好ましくないプレッシャーの例である。

父親から息子へ。

「おまえもそろそろ十五なのに、漫画本を読んでいるのを見ると、まだ十歳ぐらいにしか思えん。おまえと同年代の男の子たちはもう女の子とデートしてるぞ」

十五歳の少女は雑誌のコラムニストに向けてこう書いた。

「母は男の子のことでわたしにうるさく言います。わたしのために、友だちの息子たちとのパーティやデートをアレンジするんです。退屈でなりません。わたしが本当に好きなのは乗馬です（跳躍競技で三つのリボンを獲得しました）。そのことを母に告げたら、動揺して泣きだすんです。わたしにどこかいけないところがあったのかなと思いました」

十四歳のファーンは言う。

「夜、ばかばかしいパーティに行くより、読書をしてすごしたいの。それなのに、読書に夢中になって人づきあいをおろそかにしちゃだめと母はしつこく言うんです」

十五歳のマリリンは言う。

「夜、好きでもない男の子とすごすより、ガールフレンドとすごしたいわ。なのに、両親はわたしにデートさせようとする。わたしの出かける回数が少ないと思ってるみたい。わたしがデートを断ると、機嫌をそこねるの。『楽しむのに、男の子を好きになる必要はない』と両親は言うわ。でも、わたしにその気もないのに、男の子にお金を使わせるのは、不誠実だと思うの」

高校生――自立と導き

高校生になると、ティーンエージャーの子どもは大人になったと感じる。独立する時期が近づき、自立を制限されるのをいやがる。にもかかわらず、大人は導こうとするのをやめられない。この年齢の子どもは、人づきあいに忙殺《ぼうさつ》されて、学業をおろそかにする危険がある。親や教師との衝突はほとんど避けられない。次に紹介するのは、高校生の子どもをもつ親たちの話である。典型的な衝突と、それを解決する試みが描かれている。

「わたしたちは十五歳の娘にデートを許してますが、ボーイフレンドに会わせるよう主張します。二人でどこに行くのかも教えてくれと言います。わたしたちが、十一時までには帰宅してほしいと思っていることを娘は知っています。そのような制限を快く思っていないかもしれませんが、守られている感じはするのではないかと信じています」

「うちの十六歳の娘は深夜の外出禁止に異議をとなえたの。『どんな時間でもトラブルに巻きこまれることはあるわ』と言うんです。夫はこう答えたわ。『いつだっておまえの行動は信じてるさ。だがな、おまえの評判が気になるんだ』」

「わたしの娘は、デートで遅くなるときには、電話をかけてよこします。一度、娘に言ったんです。『出かけるときは、あなたが楽しむだけじゃなく、わたしたちのことも心配させないでね。遅くなるようだったら、電話してちょうだい』って。わたしたちが娘を心配していることを知って、いやな気はしないと思います。娘のことを尊重していますし、娘も同じように応えてくれます」

「娘が見栄をはるためにデートしていることを発見したんです。野球チームの花形、クラスの級長、スポーツカーの持ち主といった目立つ男性といっしょにいるところを見られたいんでしょうね。自分の気持ちなんてそっちのけなんです。デートの倫理についてて娘と長時間話し合いました。『デートは飾りじゃないのよ。人間関係なの』とわたしは言いました。娘はびっくりした顔をして聞いていました。わたしの言いたかったことを理解してくれればいいんですけど」

「ある男性と交際している十七歳の娘にこうたずねたの。『ほかにもっと好きな子がいないか、どうやって知るつもりなの？』そうしたら、ボーイフレンドに退屈していることを認めたわ。でも、彼をあきらめるのを怖がってるの。わたし、こう答えたわ。『その決断をするのは簡単じゃないわ。デートのない週末に直面するのが怖いのよ』『そうなの』と娘はほっとした顔をして言い、『簡単じゃないけど、やらなきゃね』と言ったわ」

「十八歳の娘がわたしにこう言ったんです。『今回は恋をしてるのがわかるの。ジムを見ると、心臓がドキドキして、ひざが震えるわ。ただ彼を見ているだけで、メロメロなの。話をする必要さえないわ』わたしは『話をはじめたほうがいいわよ』と言いたい誘惑にかられたけど、こらえました。彼といると、ときめいてしまい、彼のことをもっとよく知ろうとしないんです。かれらは話し合いをしません。ただ抱き合っているだけなんです。キスに夢中になるより、コミュニケーションをする必要があります。娘は彼のことをほとんど知らないんですから。子どもは好きか？　短気じゃないか？　ストレスにどうやって耐えるか？　物事がうまくいっているときには、チャーミングかもしれないけど、うまくいかなくなったとき、どれだけ能力を発揮できるのか？　そういったことがわかっていないんです。娘と率直に話し合う、適切なときがくるのを待っているんです。今は雲の上にいるので、聞く耳をもっていませんけど」

「うちの十七歳の娘はアメフトのヒーローとデートしてるの。『わたし、彼を愛してるの。盲目の愛じゃないわ』と娘は言います。でも、娘の判断は正しくありません。

彼をよく観察したことがないんです。後光に目がくらんで、彼自身を見ていないんですよ。彼は筋肉以外見せるものがありません。フットボールのシーズンが終わったら、何をするつもりなんでしょう。スクラップブックでも見るんでしょうか？　娘があやまちを犯す心配があるのに、黙っているのはつらいことです。直接干渉すると、二人を意固地《いこじ》にさせるだけなのはよくわかっています。娘の生来のよい趣味が発揮されることを願っています」

親の責任——規範と限界

大人としてのわたしたちの責任は規範を設定し、価値を示すことである。わたしたちが何を尊重し、何を期待するかをティーンエージャーは知る必要がある。もちろん子どもたちはわたしたちのつくった規範やルールに抵抗し、わたしたちの限界を試そうとするだろう。そうして当然なのだ。盲目的に親にしたがっていては、だれも成長できない。ティーンエージャーがルールを恨むのは予想されることであり、許されることだ。子どもたちがわたしたちの禁止を好むとは思えない。

制限を課す古いやり方と限界を設ける新しいやり方との間には、重大なちがいがある。過去においては、ティーンエージャーの気持ちはしばしば無視され、怒っている最中や口論している最中に、抵抗を招く言葉で制限が課された。

現代のアプローチでは、子どもの自尊心を守るやり方で限界が課される。限界は気まぐれなものではない。きちんとした価値観に根ざし、人格形成に貢献するものである。

感情と行動を区別するのが新しいアプローチの試金石だ。**子どもの感情や願望を扱うときには大目に見、受け入れられない行動を扱うときには厳しくあたる。**わたしたちはティーンエージャーの意見や態度を尊重し、子どもたちの夢や欲求を軽視しないが、子どもの一部の行動には歯止めをかけ、関心を他に向けさせる権利を保持する。

大人であるわたしたちはティーンエージャーの相棒でも遊び仲間でもない。わたしたちはティーンエージャーの親しい守護者であり、子どもや社会を守る規範や価値を掲げなければならないときには、子どもの一時的な敵対心に耐えられるだけの強さと思いやりをもっている。

〈10章〉セックスと人間の価値

セックスについての話し合い

ティーンエージャーの子どもたちのことをとても心配している母親からなるグループが、共通の話題について話し合うために会合をもった。話題はずばりセックス。次に紹介する討論は、同じコミュニティに属する六人の人間が、このわずらわしい問題についていかに異なった感じ方をしているかを証明している。

ミセスA：わたし、厳格な古くさい家庭で育ったの。わが家では、セックスについての話題はいっさい出なかった。愛は精神的でプライベートなものと考えられていたの。恋愛を夢見たけど、それについて親とは話さなかったわ。だから娘にセックスについての質問をされると、ひどく動揺してしまうの。

ミセスB：わたしも同じ問題を抱えてる。ティーンエージャーの子にセックスについて聞かれると、赤面しちゃうの。口もこわばって、しどろもどろの話し方になるわ。どんなに努力しても、当惑してしまうの。一度、二匹のウサギが結婚したと言ったら、息子が笑ったわ。息子の前で「つがう」とか「交尾する」という言葉を使えないのよ。

ミセスC：セックスはずっとわたしには謎だった。何が正しくて、何がまちがっているのかわからないわ。「男はみんな同じ。たった一つのことしか求めていない」とよく母親が言っていたものだけど、自分の娘や息子にそんなふうに感じてもらいたくないの。

ミセスD：わたしたちは過去の世界に住んでいるし、子どもは現在の世界に住んでいるわ。昔は自制が美徳だったけど、今は悪徳。「純潔なんてもったいない」と大学二年の娘は言うわ。「純潔は栄養失調のようなものよ」って。娘は、愛し合っていれば結婚していなくてもセックスしていいと考えてるし、大学四年の兄はもっと「進んで」いて、お互いに楽しみたいという気さえあれば、愛なしでセックスしてもいいと考えてるの。「愛のあるセックスはすばらしいけど、愛がなくても、何もしないよりはましさ」って言うの。

ミセスE：わたしはリベラル派よ。処女膜を守るのが美徳だとは思わない。だけど、美しい娘のことが心配。娘を食い物にされたくないの。娘がばかの慰めもので一生終わるなんていやよ。
ミセスA：わたし、娘を男の子たちから遠ざけようとしてきたの。若い娘にどんなことが起こりうるか正直に話してきたわ。娘に安全でいてもらいたかったの。今では、効き目がありすぎちゃったんじゃないかって心配してる。十七歳になるのに、とてもナイーブなの。もっとあか抜けて、積極的になってもらいたいわ。
ミセスE：ある程度、「悪い」影響にさらされたほうが、セックスについて学べるんじゃないかしら。倫理は、無知ではなく知識によって育まれるものよ。ティーンエージャーは性的な事柄について学ぶべきだと思うの。性交、妊娠、避妊といったことについてね。
ミセスB：古風な態度を変えるのは楽じゃないわ。どんな考えを吹きこまれても、性的なことに関してわたしは潔癖《けっぺき》。そうじゃなくなりたいんだけど、だめなの。性の平等や有意義な関係についてのこういう話は、わたしにとってはたった一つのことを意味するの。婚前セックスが是か否かということをね。わたしは認められない。いまだに、それは罪だと信じてるの。

ミセスD：正直言うと、わたしは罪を防止することには関心ないな。わたしが関心あるのは娘の幸せ。もし娘が大人だったら、彼女の行動を心配したりしないわ。だけど、まだ大人じゃない。娘の性的欲求と心の成熟との間にひどいギャップがあるの。このギャップを埋められるのは時だけ。それまでどうするかってことね。

ミセスE：セックスにまつわる古い偏見を押しつけるのをやめるときなんじゃないかしら。ティーンエージャーは恋におちいり、愛を交わす。それに関して、わたしたちにできることはほとんどないわ。安全な避妊法を教える以外はね。

ミセスC：多くの若者は避妊したがらないわ。危険な生き方を好むのよ。かれらはリスクを冒すことで、特別なスリルを感じるんだわ。若い命をかけたロシアン・ルーレットをやっているのよ。

ミセスD：結婚前の妊娠はもうアメリカの悲劇じゃないわ。わたしの娘の話では、女の子たちが、中絶を必要とする女子学生クラブの仲間をつのっているそうよ。おまけにその子たちはピルも買ってくれるんだって。

ミセスB：安全な避妊法はフリーセックスに拍車《はくしゃ》をかけるだけじゃないかしら。

ミセスE：たとえセックスの回数が二倍になっても、望まれない赤ん坊の数が二分の一に減るなら、価値があるんじゃない。

ミセスB：わたしの教会では、婚前のすべての性関係が罪深いと言ってるわ。

ミセスE：若者にほかの何かが欠けていても、性欲だけは旺盛よ。ティーンエージャーはどうすればいいの？　引越しをするとき、電気会社に電話して電気を切ってもらうように、教会に電話して性欲を消してもらうことはできないのよ。

ミセスF：わたし、純潔を重んじるふりなんてできない。第一、娘に童貞の旦那なんて欲しくないもの。

ミセスB：娘に未来の夫と同等の体験を積ませるために、多くの男性とベッドを共にすることを勧めたいの？

ミセスF：いいえ、とんでもない。娘にセックスを勧めたりしないわ。でも、もし結婚前にそうした関係がはじまったら、愛を交わすことと子作りをすることのちがいを知ってもらいたいの。

ミセスE：ダブル・スタンダードにはもううんざりよ。女性が真に自由になりたかったら、性教育とバース・コントロールは受け入れなければならないわ。わたしにとって、問題は「純潔 対 純潔の喪失」ではないの。「責任ある愛 対 無責任な乱交」なの。

ミセスA：性的な自由はいいけど、わたしの娘にはダメ。一時的にお熱をあげたり、エロティックな関係に巻きこまれたり、悲痛な思いをしたりすることしか考えられないもの。男の子にはそれでもいいかもしれないけど、女の子にはよくないわ。ミツバチは花から花へと飛んであるけるけど、花はミツバチからミツバチへと飛んであるけないのよ。インドのことわざにあるでしょう。「わたしの木の陰は通りかかる人のためにあり、その果実はわたしが待っている人のためにある」って。

ミセスF：若い頃、バスルームの鏡にヘミングウェイの道徳的な宣言を貼っていたの。「道徳的なこととは、あとで気持ちよく感じることである。不道徳的なこととは、あとで気分が悪くなることである」わたしは罪悪感も後悔もなくセックスしたわ。文化的な制約から自由でいようと決心したの。親の気持ちに無関心ではなかったけど、親の道徳的判断からは自由でありたかったの。でもね、今、ティーンエージャーの娘の母親になって、混乱してるの。頭では、娘が婚前セックスするという考えは受け入れられるわよ。だけど、そのことを知りたくないの。わたしに相談したり、体験を話したりしてほしくないの。もちろん、妊娠もしてほしくないわ。

ミセスC：今週、生き延びられれば、わたしは不死身よ。決して死なないわ。三日前、娘がベッドで赤ん坊のように丸まって泣いているのを発見したの。性病、正確には淋病にかかったと思ったのよ。父親が目に入れても痛くないくらいかわいがっていたわたしの大切な美しいリンダがよ。瞬間的に、娘を殺し、ボーイフレンドを八つ裂きにしてやりたいと思ったわ。だけど、心のなかの声が、「攻撃するな。助けてやれ！」って言ったの。まずい事態が起こったら、子どものためになることをしろって。だから、こう言ったの。「感染してるかどうかはまだわからないわ。医者に聞いてみなければね。早いうちに治療すれば、淋病は治るのよ！」今日、リンダが感染していなかったことがわかったわ。わたしたち、悪夢から解放されたの。だけど、不安と恐怖と恥ずかしさという高い代償を支払わされたわ。

ミセスD：性病や妊娠の恐怖で、若者の性的欲求をとめられないのは明白よ。だから、性的欲求の扱い方を子どもたちに示してやるべきじゃない。知識と防御法を教えてやらなければならないのよ。命の流れをせき止めることはできないけど、荒れ狂う水のなかを泳ぐ方法を教えることはできるわ。

価値観の衝突

前ページの討論は深刻な価値観の衝突を映し出している。一部の親たちは新しい現実を受け入れるときがやってきたと感じている。かれらは性病や望まない妊娠、悪評などを心配し、率直な性教育を通してそうした危険を避けたいと思っている。そうした親のなかには、十代後半の子どもたちに避妊法を教えたり、避妊具をあたえたりしている者もいる。

他の親たちは憤りをもってそのような手段を拒絶する。そのような自由は性の許可証を発行するようなものではないかと恐れているのだ。

社会はティーンエージャーの性を認めることはできない。なぜなら、早まった性の目覚めが文明を危険におとしいれるかもしれないと思っているからだ。ある父親はこう述べる。「若者の主要な仕事は勉強して、知識を増やすことなんだ。そのためには、イド（本能の源）にふたをしておくのが一番だ」一部の親はセックスの話をすることにさえ不快感を示し、いやがる。別の父親は「セックスは気軽に話せる話題になってしまったけど、わたしはそれに参加したくないね」と言う。なかには、セックスの話をすると、たとえ目標がセルフ・コントロールでも、性行動を刺激するのではないかと恐れている人もいる。

これらの親たちはこの変化の時代にあっても、親が適切な行動モデルを示せば、子どもたちがそれにしたがうと固く信じている。ある親は言う。「わたしたち大人が上品な例を示し、上品な行動を要求しないかぎり、子どもたちはわたしたちがなってもらいたいようにはならないんじゃないかしら」問題は、「性が自由になった社会のなかで、ティーンエージャーがどのようにして好ましい規準を守れるか」ということだ。

一般社会の矛盾

セックスに関しては、言葉より態度がものを言う。わたしたちの社会がセックスにたいしてとっている態度はどのようなものだろう？ わたしたちの高い道徳の理念とはどのようなものか？ わたしたちは富のモデルや英雄主義の理想をもっている。何がすぐれた芸術で、だれが科学に秀でているかも知っている。しかし、社会全体としては、すぐれた道徳のモデルを欠いている。

思慮深いティーンエージャーたちは世の中に行きわたっている矛盾にとまどっている。一方で、わたしたちの社会はセックスに取りつかれ、お金に振りまわされている。

楽しみと利益のために、セックスはスクリーンに映し出され、引き伸ばされて広告に載せられ、コマーシャルの餌《えさ》に使われている。他方で、社会は婚前セックスの自制を呼びかける。こうした状況が葛藤と緊張を生んでいる。ある十八歳の子どもは「もし社会が公の刺激の源を許すなら、個人の慰めの源を禁じることはできないんじゃないか」と言う。

タイム誌に載ったある手紙はこうしたジレンマに触れている。「コメディを見れば、笑えるし、悲劇を見れば、泣ける。怒りたくなるものを見れば、叫ぶことができる……だが、性的に刺激されるドラマを見たときには、どうすればいいんだろう?」

転倒したタブー

人生においても文学においても、性的なタブーは転倒している。われわれの時代の気分は率直さと自由である。性はもはや禁じられた題材ではない。それは学校で教えられ、家庭で話し合われている。教会の内部においてさえ、現実の光にあてて、道徳が見直されている。実際に、セックスはいつでも人気を博してきた。

一部の社会では、誘惑にさらされたら、若者が屈するのはあたりまえだと思われている。それゆえ、男の子たちは疑いの目で見られ、女の子たちは監視される。今日のわたしたちの社会では、少年は車をもち、少女は自由をもっている。誘惑は最大限にひろがり、監視の目は最小限にとどまっている。若者が古いルールにしたがうのを期待するのは非現実的である。

過去においては、「良識のある」女の子は純潔を主張した。ボーイフレンドにしつこく迫られると、ネッキングやペッティングを許した。それは良心や社会との妥協策だった。今では、多くのティーンエージャーがそのような解決法に疑問を抱く。少年はそのような解決策に恨みを抱く。過剰に刺激されたまま、放置されるからだ。少女たちもいい気持ちがしない。自分が男をじらしているかのように感じるからだ。ある女子大生は言う。「わたしはえんえんとペッティングするより、性交をしたほうがいいわ。そのほうが尊厳を保てるし、快適でもあり、時間もかからないもの」

処女でいたいと思う女子大生は、純潔を守りつづけるのがむずかしいことに気づく。男子学生は彼女たちとデートをするのを拒むし、ほかの女子大生は彼女たちを保守的な人間として扱う。真剣に「結婚まで貞節を守ろうとする」女性は、社会的に孤立させられる可能性がある。そのようなプレッシャーの下で、処女の女性は自分が正常であることに疑いを抱きはじめるかもしれない。誘惑とあざけりの狭間に立たされて、自分の価値観を守れるのは意志の固い人だけである。多くの女性は内的な欲求からではなく、外からのプレッシャーで断念する。かつては、妊娠の恐怖を、純潔を守るための言い訳にすることができた。今ではそうした言い訳は通用しない。コンドームがスーパーマーケットでも売られているし、ピルやペッサリーも簡単に入手できるからだ。

異性と親密な関係にはいる準備のできていない少年少女たちは、仲間のからかいや、大人の期待によって、あたかも異常であるかのように思いこまされる。理想に燃える繊細な十八歳の男の子を抱える父親は息子にこう言った。「この夏の間に、すてきな女性と会って、有意義な恋愛ができたらいいのにな」

こうした発言は息子のためにはならない。息子は、女性と性的に親密になる準備ができていないのに、父親を失望させないために、性的関係をもたなければという思いにかられるかもしれない。

性教育は何のためにあるのか?

ティーンエージャーは性についてできるだけ多く学びたがっている。かれらは悩み、とまどい、現実的な個人的解答を欲しがっている。性について真剣に論じ合う機会をあたえられると、ティーンエージャーは分別をもって自由に話す。**かれらは規準と意味を求めている**のだ。自分の性衝動と折り合いをつけ、それをトータルな人格に統合したいと願っているのだ。

ティーンエージャーに性教育をほどこすべきなのだろうか？　この疑問はもはや遅すぎる。セックスはすでにスクリーンや校庭やストリートで「教え」られている。子どもたちは言葉と写真を通して、しばしば浅ましい下劣なセックスにさらされている。ストリートは誤った情報の尽きることのない源である。ポルノ業者は性的な「事実」や感情を暴露することを躊躇《ちゆうちよ》しない。ませた仲間は自らの体験に尾ひれをつけて面白おかしく語る。性的な情報を分かち合うのを恐れるのは、親と教師である。

十六歳のセルマは言う。

「性的なことは母には何も聞けません。そんなことをたずねたら、なぜたずねるかを詮索しはじめます。『なんのために知りたいの？』と聞くんです」

十四歳のジュリエットは言う。

「母は無知が無垢《むく》を保証すると信じてるの。セックスについて何かたずねると、母はおかしくなる。『未来の旦那さんがなんでも教えてくれるわ』って言うんです」

十八歳のルイスは言う。

「ぼくは親からダブル・メッセージを受けとっています。一方で、『セックスはだめだ、トラブルに巻きこまれるぞ！』と言っておきながら、他方で、『若いときには存分に遊べ』って言うんだから。どちらか一方に決めてほしい。もしセックスがぼくらにとっていいものなら、そう言ってほしいし、だめなら、そそのかすようなことを言って混乱させないでほしいんです」

十五歳のジョシュアは言う。

「ぼくの親父は正直でフランクであることをいつも自慢してるんだ。ところが、セックスのことになると、正直じゃなくなる。それはぼくの率直さが歓迎されない話題なんだ」

大学二年、十九歳のナタリーは言う。

「わたしは親と、さわらぬ神にたたりなしの姿勢で暮らしているわ。お互い深い質問をせず、本心を明かさないという暗黙の了解ができあがっているの。実際に、両親は何が起こっているのか知りたがらないし、わたしもかれらには何も言えないの。わたしは、古い倫理観をもったよい子だということになってるのよ。デートは好きよ。最初の二、三回のデートは楽しめるの。その後、プレッシャーがかかるようになって。

酒とマリファナをやるパーティに招かれるの。ベッドまで行くのがあたりまえって雰囲気。その雰囲気に素直にしたがえば周囲は微笑み、したがわなければ一人で泣くことになるの。だから、潔癖なわたしは、涙にかきくれることになるのよ」

二十歳のジョナサンはこうした歪《ゆが》んだ状況を受け入れる。

「男子の大学生にとって、セックスは成熟と男らしさの象徴なんだ。女子にとっては、不人気や孤独への防御策になるのさ」

これらの発言は、現在では性教育が、野放図な性の宣伝の対抗策として必要とされていることを示している。ストリートやスクリーンが性の規準を決めるのを、黙って見過ごしているわけにはいかないのだ。

情報と価値

性教育は情報と価値、二つの側面をもっている。価値を学ぶ最高の場所は家庭である。情報をもっとも多く提供できるのは専門家だ。一部の親は、知識を求めるふりをしたいやがらせにたいする防御策を必要とする。性についてのすべての質問が、知識への渇きから生まれるとはかぎらない。なかには親を困らせてやろうとする若者もいる。親は挑発的な質問に答える必要はない。慎み深くしている権利も、不快感を示す権利もあるのだ。また、特定の情報を知らなかったとしても、それはしかたがないことである。

心から求められる情報についてはどうだろう？　この場合も、知っていることの範囲内で、心の許すかぎり、答えるべきだろう。その他の質問は専門家にまかせるのがベストだ。学校、教会、コミュニティ・センターが主催する性についての討論には、子どもたちに参加するよう勧めるべきだろう。客観性をもって誠実にあたえられる情報は、世代間の敵対心を和らげ、信頼を高める可能性がある。大人は若者への信頼を取り戻せるかもしれない。若者は、世代が異なっても、大人が共通の人間性を分かち合っていることに気づくかもしれない。

大学から帰省していたとき、十九歳になるジェイソンは父親と人生や愛について話をした。ジェイソンは言った。「男の子と女の子の真のちがいを発見したんだ。女の子は愛を得る手段としてセックスをし、男の子はセックスを得る手段として愛するっていうことをね」そして、なんでもないことのように、こうつけ加えた。「女の子を愛し、おさらばする。それがぼくの流儀さ」

父親はたずねた。「おまえや他の男性が彼女を愛して、おさらばしたら、その後、彼女はどうなるんだい？」

「そんなこと、知ったこっちゃないよ」とジェイソンは言った。「それについては考えないようにするんだ」

「いや、考えてみろよ」と父親は答えた。「東洋には、『もし一人の人間を死から救ったら、あなたはその人間の人生に責任を負う』ということわざがあるんだ。もしおまえが女の子を愛に誘いこむ戦略を工夫したというなら、彼女の気持ちにおまえは責任を負うことになるんだぞ」

ジェイソンの父親は基本原理を主張した。すべての人間関係に誠実さと責任が関わっているということである。単純か複雑か、社会的か性的かにかかわらず、あらゆる状況は個人の誠実さを必要とする。

「愛だけがセックスを正当化するの」と十八歳の少女は言った。「だから、わたし、いつも恋してるの」と。こうしたひねくれたアプローチには社会的な歴史がある。「良識のある」女の子が強い欲求を感じると、罪悪感や恥の感覚を覚えることがある。そのような女性が自分の情熱を正当化する唯一の方法は、恋に落ちることである。かくして女性は恋に「落ちる」。罪悪感が愛の幻想をかきたてるのだ。実際の恋であれ、想像の恋であれ、それが罪をあがなう。十代の女の子が恋愛や詩に敏感な理由はそこにある。愛の言葉が愛の行為を正当化するのだ。自分にあてはまることは男の子にもあてはまると女性は想像する。

　しかし、かならずしもそうとはかぎらない。どんな女性もそれを知る必要がある。

男の子はちがったふうに育つ。愛がなくてもセックスができるのだ。しばしば男の子は特定の女性がいなくても、性的に興奮することがある。そのようなときには性的な慰めをもとめるかもしれない。「彼女」はほぼだれでもいいのだ。そうしたダブル・スタンダードが、深入りせずにセックスすることを可能にするのだ。「楽しめ。だが女性を家に連れてくるな」は父親の有名なアドバイスである。

　自分が道具として利用されないようにするのが、女性の務めである。女性を物として扱わないのが男性の義務だ。愛や性においてすべてが公平とはかぎらないことを、男の子も女の子も知る必要がある。女の子が男の子をからかったり、挑発したりするのはフェアではない。男の子が女の子に決断の重荷を全面的に負わせるのはフェアではない。かつては、自分の責任や女性の都合を考えずに、女性が許してくれるところまで男性は行こうとした。若者はそのような問題に正直に向き合うよう教えられなければならない。お互いの責任についての腹蔵のない議論は、愛や人生についての賢い決断をするティーンエージャーの能力を高めてくれるかもしれない。

マスターベーション

一八八五年の医学雑誌によれば、「疫病も戦争も天然痘も、その他同様の災厄も、マスターベーションの習慣ほど人類に破滅的な効果を及ぼしたものはなかった」。それればかりか、「マスターベーションは癌《がん》、心臓病、ヒステリー、ひきつけ、性的不能、不感症、狂気などを引き起こした」とその雑誌では述べられている。

今日では、マスターベーションが破滅的な病は言うまでもなく、吹き出物さえ生みださないことをわたしたちは知っている。ところが、一部のティーンエージャーにとっていまだに不安の源になっているのだ。そうした災厄から逃れるために、子どもたちは時期尚早の性交に走るのかもしれない。性交はマスターベーションより満足度が高く、罪悪感をあまり感じさせない。

性は他の世代より十代の子どもにとってより大きな問題となる。かれらの欲求は簡単に喚起されるし、十代は情熱がピークに達する年代だ。かれらを性的に喚起する刺激がたくさんあるのに、性交は禁じられる。それゆえ、マスターベーションが共通のはけ口になる。マスターベーションは身体的な慰めとなるが、精神的には満足をもたらさない。それは親密さを求める欲求や愛の欲求を満たしてくれないし、自己確認の手段にもならない。「マスターベーションの欠点は、そんなことをしても興味深い人たちと出会えないということだ」という言い方には、ある程度の真理が含まれているのかもしれない。

マスターベーションはきわめて自己中心的な行為である。ひとりぼっちの楽しみのなかで、自分以外、だれも喜ばせる必要がない。密度の濃い親しさのかわりに、そこには、偽りの自立がある。マスターベーションにふける者は自分のファンタジーの力で、一瞬にして全世界を手中に収められる。この幻想は敗北でもないし勝利でもない。

マスターベーションは一時的に緊張から逃れる手段として有効である。けれども、努力や探求の安易な代用品になる可能性がある。失望や挫折をあまりに簡単に慰めてくれるからだ。ある少年は半分真顔でこんなことを言う。「性交はマスターベーションの貧弱な代用品なんです」しかし、ティーンエージャーが私的な人間関係や社会的なコミットメントから主な満足を得ている場合には、そのような自己満足は、欲求不満を解消する一時的な手段にすぎず、さして問題にはならない。

同性愛

同性愛は多くの親にとって嫌悪すべき話題である。そんなことは知らないほうがいいと親たちは信じている。自分自身の子どもが同性愛かもしれないという可能性について考えるのを好む親はいない。わたしたちは自分の息子が男らしく、娘が女らしいことに誇りをもつ。だが、事実は直視しなければならない。アメリカ合衆国には一千万人以上の同性愛者がいる。かれらはみんな、かつては子どもだったのだ。

自分の息子または娘が同性愛者であることを発見した親にとって、古代のアテネで同性愛が認められていたとか、現代の大都市で大目に見られているということを知っても、慰めにはならない。同性愛者のなかに、輝かしい哲学者や芸術家がたくさんいることを知ってもやはり慰めにはならない。ある父親は言う。「レオナルド・ダ・ビンチならそれでいいかもしれないけど、わが子のレオナルドにとってはそうじゃないんだ」親がもとめているのは、文明の歴史をひもとくことでも、不満を述べることでもない。子どもが同性愛者になるのを防いだり、そうした傾向を変えたりする助けをほしがっているのだ。

専門家はそのような問題で苦しんでいる親に何と言えるだろう？　同性愛の息子を

もつアメリカの母親に宛てて書いた手紙の中で、ジークムント・フロイトはこう述べている。

……私に助けを求めるあなたが知りたいのは、おそらく、私が同性愛を根絶し、正常な異性愛に取って代わらせることができるかどうかということでしょう。おおまかに言うと、そのようなことは確約できないというのが私の答えです。一定数のケースで、わたしたちは、すべての同性愛者のなかにある異性愛の傾向の芽を育むことに成功しました。しかし、大部分のケースでは、それはもはや不可能なのです。それは個人の資質や年齢の問題です……。

この手紙は一九三五年に書かれたものだ。以来、研究やその後の経験によって、新しい知識がつけ加えられてきた。同性愛はもはや、すべてか無かの現象とはみなされない。程度の問題になっているのだ。インディアナ大学にあるキンゼイ研究所は、性行動を分類するのに七つの目盛りを用いる。両端に位置するのは排他的な異性愛と同性愛である。その間に、両方の性の人間に性的に反応する人たちがいる。同研究所による研究は、すべての男性の約三七パーセント（とその半分の女性）が、思春期以降に何らかの同性愛的な体験をしたことがあることを示している。けれども、生涯、同性愛で通す人はそのなかのたったの四パーセントにしかすぎない。

今日では、同性愛の傾向はだいたいが生物学的に決められることがわかっている。したがって、性的指向を変えようとするより、受け入れるほうが賢明かもしれない。

十代の擬似同性愛

一部のティーンエージャーはたまに同性愛的な関係に浸ることがある。この一時的な行動は、同性愛が生涯つづくことを表すのではない。理由は次のように説明できる。思春期の直前、男の子たちは群れて行動し、女の子たちは親密な友情で徒党を組む。友だち同士の結束は固い。大半の時間、かれらは性の話をする。記憶にあることを比べ合い、「文献」を共有し、それぞれが大人の性の神秘について発見したことを語り合う。こうした同性の友情は通常の男と女の関係の発達に欠かせないステップである。このステップは飛び越えることができない。思春期前に、なんらかの理由（病気、見知らぬ土地への引越し、親の介入など）で、このステップを踏みそこなうと、後に思春期になってから、踏みなおさなければならない。そのとき、身体は成熟してしまっているため、関係は性的な親密さを含む可能性がある。そのような親密さは真の同性愛の関係ではない。同性愛的な行動のように見えるものは、異性愛に先行する遅れた発達段階にすぎないかもしれない。

親とピル

ある母親が十八歳の娘について心理学者に相談した。その女子大生は州外の大学にいて、バース・コントロール用のピルの処方を受けられるよう手配してくれと母親に頼んだのだ。母親はとまどいを隠せなかった。「娘のことはよく知っています。恋に落ちて、セックスをするつもりなんでしょう。ピルを飲んでいれば、少なくとも安全です。でも、犯罪に加担するような気分にならざるをえないんです」と母親は言った。心理学者はこう答えた。「あなたがこう言っているように聞こえますよ。『わたしは娘に同情するけど、共犯者にはなりたくない。もし娘の要求に同意したら、本当は認めていないことを承認することになってしまう』あなたはご自分の質問に『ノー』と答えているんです」

親に避妊具の手配を頼むティーンエージャーは、頼むこと自体で、大人になる準備ができていないことを示している。大人は親に責任を転嫁したりしない。自分の荷物は自分で背負う。大人は自ら決断し、その結果を自分で引き受ける。不安や罪悪感に耐えながら、自分の行為を調整する。十代の子に避妊具をあたえる親は、子どもから重要な体験を奪ってしまう。内的な葛藤という体験である。そのような体験がなければ、心の成長もない。ティーンエージャーは大人になるために、大人の行動だけではなく、大人の情動も体験しなければならないのだ。

成熟した愛

愛はたんなる気持ちでも情熱でもない。愛する者と愛される者双方の成長をうながし、人生の質を高める一連の態度や行為の体系である。恋愛はしばしば盲目だ。愛する人の強さを見るが、弱さを見ようとしない。対照的に、成熟した愛は弱さを拒むことなく強さを受け入れる。成熟した愛では、一方が他方を利用したり、所有したりしようとしない。それぞれが自分の足で立っているのだ。そのような愛は、成長して最高の自分になれる自由をもたらす。また関係に深くコミットし、怒りや苦悩を覚えるときにも、困難に打ち勝とうとする。愛と性は同じ感情ではないが、賢い人間はそれらを結合させる術を学ぶ。

〈11章〉運転、飲酒、ドラッグ

ティーンエージャーの運転と親の恐怖

ティーンエージャーの車の運転を、安心して見ていられる親がどれだけいるか疑問である。たしかに、なかには十八歳で親より運転がうまい子もいる。かれらはスキルと自信をもって車を扱う。対照的に同じ十八歳でも、あまりに未熟で、ハンドルを握らせるのは無責任だと思える子もいる。親がティーンエージャーのドライバーにどれだけの自由と責任をあたえたらいいか葛藤するのも無理はない。

ティーンエージャーの運転について話し合うために母親たちが集まった。彼女らは自分たちの不安を表現し、問題を出し合い、解決策を探った。以下に紹介するのは話し合いの抜粋である。

ミセスA：先週、息子が運転免許の試験に合格してから、ちっとも眠れないわ。昨日、息子ははじめて一人でわたしの車を運転したの。息子が帰ってくるまでの長かったこと！　わたしが運転を許したことに息子は驚いたけど、運転免許試験場の試験官が息子を信頼してくれたのに、どうしてそれを否定できる？

ミセスB：あなたの話を聞いていて、運転免許証を発行するのが州で、子どもたちにはラッキーだったと思うわ。もし母親が発行することになっていたら、うちの子どもたちはぜったい免許をとれないでしょうね。

ミセスC：うちの息子は向こう見ずなドライバーなの。彼の友だちもそうだけど、狂気じみた運転をするわ。子どもがたくさん歩いている道を突っ走ったり、蛇行運転したり、コーナーで車をスリップさせたりして、それが「かっこいい」と思ってるの。自分の運転技術を他人にほめさせたいのね。

ミセスD：うちの息子は無謀運転で捕まったわ。他の車と並走しながら会話をしたのよ。警察官に捕まったときには、びっくりしたようよ。「ぼくは何も悪いことをしていない」って言うの。「ただ、話していただけだ」って。規則にしたがうのは、たとえそれが交通ルールであろうと、弱さのしるしだと思ってるのよ。

ミセスE：運転はうちの息子にはよい影響をあたえたわ。動きやすくなったし、責任感も強くなったの。ファミリーカーを使うために、きちんと宿題をするし、家の雑用も手伝ってくれるのよ。よく車の手入れもするし。車と同じぐらい女性を好きになったら、愛している証拠なんだと息子が言っているのを小耳にはさんだわ。

ミセスF：息子がファミリーカーを運転する許可をもとめたとき、夫は次のことに責任をもつよう約束させる契約書を息子に手渡したの。

1　フェンダーの傷やへこみ
2　タンクのガソリン
3　タイヤの空気圧
4　オイル、バッテリー、冷却水のチェック
5　速度の遵守
6　門限の厳守

契約書を手渡して、夫はこう言ったわ。「これらの責任を引き受ければ、車を運転できる。それがいやだったら、車を運転しないという選択もあるんだぞ」息子はため息まじりにサインしたわ。一度、息子がひどく遅く帰ってきたので、夫が「おまえは車を運転するという特権を見直すことに決めたんだな」と言ったの。

そしたら、息子は謝って、事情を説明したわ。それ以来、ほとんどトラブルはなくなったわね。

飲酒の危険性

法的、社会的規準とは別に、多くの親たちはアルコールにたいして強い私的な感情をもっている。これらの感情は無視すべきではない。「十七歳の子どもに飲酒させてもよいのでしょうか、それとも悪いのでしょうか？」とおずおずとたずねる親は、単純な答え以上のものをもとめている。自分の気持ちをはっきりさせる助けを必要としているのだ。気持ちがはっきりわかれば、自分で結論を引き出せるからだ。

ティーンエージャーの飲酒と親の不安

ティーンエージャーの飲酒問題を話し合うために親たちが集まった。以下に話し合いの一部を紹介してみよう。

ミセスA：何カ月も、わたしは目をつむってきたわ。息子が酒を飲むことを信じまいとしたの。息子を信じきっていたから。それなのに、ゆうべ、酔って家に帰ってきたの。「いやー酒を飲んじゃった。完全に酔っ払ったよ」って言うのよ。ほめられるようなことを成し遂げたみたいな口ぶりだったわ。わたし、心臓発作でも起こしそうだった。もし父親が見ていたら、息子を殺していたでしょうね。困ったのは、息子の友だちのほとんどが飲酒してるってことなの。

ミセスB：わたしの心配は息子が酒を飲むことじゃないわ。酒の飲み方よ。息子と友だちは集まって楽しむために飲むんじゃなくて、飲むために集まるの。飲酒が目的なのよ。一週間かけてどんちゃん騒ぎの計画を練るの。そして大人っぽく見える子がビールをケースで買い、他の子が人里離れた場所に車でみんなを連れていくの。それから、急ピッチで飲んで酔っ払うのよ。

ミセスC：飲酒をコントロールするためにわたしたちにできることはほとんどないわ。もし息子を叱ったら、親にわからないようにするだけだもの。飲酒の危険性を指摘してやったら、ラブレーの有名な言葉を引用して、「年とった医者よりたくさんの年とった酔っ払いがいる」って言ったわ。

ミセスD：うちの十七歳の息子はたまにわたしたちといっしょにカクテルを飲んでるわ。暗い路地に隠れてお酒を飲むより、家庭でお酒をたしなむことを学んだほうがましだと、わたしたちは思ってるの。

ミセスE：息子が飲酒していることがわかったとき、わたし言ったの。「酒を飲むつもりなら、どこかの裏道に止めた車のなかじゃなく、家で飲んでもらいたいわ」って。でも、息子は父親とビールを飲むことには興味がないみたいね。友だちと飲みたいのよ。わが家に友だちを招待して、酒を飲ませるわけにはいかないでしょう。法律違反だもの。

ミセスC：ティーンエージャーは、わたしたちが何を言おうと何をしようと、酒を飲むのよ。それをコントロールするのは無理よ。

ミセスE：わたしはアルコールによる交通事故が心配。酒を飲んだティーンエージャーのグループはどんな無茶をするかわからないでしょう。それが心配なの。

ミセスB：わたしが読んだ記事や本はどれも、何の心配もいらないと書いてあった。「家族が酒を飲まない家庭は、若年のアルコール依存症者を生みだす可能性はない」って。でも、わたし、著者たちに言いたい。うちの十七歳の息子は浴びるように飲むのよ。アルコールから離れていられないの。息子は、わたしたちがただの「くそまじめな人間」だと思ってるわ。

ミセスD：親は容認すべきじゃないことをしばしば許してるわ。カクテルジュースにアルコールを入れたり、コーラのボトルにアルコール飲料をつめたりするのをおもしろがったりするでしょう。飲酒に反対しておきながら、黙認してしまうのよ。自分の信念を守るために立ち上がるのが怖いのね。

ミセスA：男の子は、自分に勇気があるところを女の子たちに見せるためなら、焼けた石炭だって飲みこみかねない。大酒飲むのは簡単よ。

ミセスE：その女の子たちというのはわたしたちの娘よ。彼女たちが酒を飲む男の子たちとデートをするのを拒んだら、男の子たちは酒を飲むのをやめるんじゃないかしら。女の子は親や先生より、男の子の行動に強い影響を及ぼすから。

ミセスC：わたしは酒を飲むことでティーンエージャーを責められないな。わたしたちのリーダーも酒を飲むし、牧師も飲むわ。わたしたちもよ。カクテル・パーティをして客をもてなすし。酒を出すのはわたしたちのおもてなしの流儀なのよ。小さな子どもでさえそれを知ってるわ。教会でのクリスマス・イブのプログラムで、宿屋の主人を演じた少年が、台本を離れて、アドリブでマリアとヨセフに言ったの。「あなたがたをお泊めする部屋はありません。でも、とにかくなかに入って、一杯おやりください」わたしたち、苦笑せざるをえなかったけど、内心ショックを受けたわ。

ティーンエージャーはなぜ飲酒をするのか？

ティーンエージャーにとって、アルコールは成熟の象徴である。ティーンエージャーは大人を気どり、権威に反抗するために酒を飲む。子どもたちにとって、飲酒は大胆な行動であり、一人前の男になったという宣言を表している。反抗的なティーンエージャーほど、早くから、大人にしか許されていないアルコールその他の楽しみを追い求める。権威への反抗心が飲酒の動機になっているので、即効性の解毒剤はない。アルコールは簡単に手に入り、比較的お金もかからないし、一見、安全なように思える。それは楽しみをもたらし、大人になった気分にさせる。アルコールを慎むようティーンエージャーを説得するのは、簡単なことではない。

防止策――二つの方向性

これまでの研究が示しているところによれば、問題のある酒飲みの多くは特徴的な性格気質をもっている。かれらは衝動的で、過度に男らしさを強調するきらいがあり、自分の不安や依存心を否定する傾向がある。問題となる飲酒の防止策は二つの方向性をもちうる。一つは、若者の人格や性格を鍛《きた》えること。もう一つは、アルコールから反抗のシンボルとしての地位を奪い去ることである。秘密の飲酒はアルコールに謎めいた雰囲気をあたえ、背伸びしたいという子どもたちの好奇心をくすぐる。しかし、ダイニングで飲むカクテルにはそのような要素はない。夕食のテーブルに優雅に並べられた飲み物は逃避や反抗ではなく、機知に富んだ談笑や節度と結びつく可能性があるのだ。

連邦政府の報告のなかにも、アルコールのこうした効果を認める記述が見出される。国立精神保健研究所が後援する諮問委員会のメンバーは、大学のカフェテリアにビールを置くことや、合法的な飲酒年齢を全国的に十八歳にすることなどを勧めている。なかには、こうした提案をショッキングだと感じる親もいるだろう。かれらは、完全な節制こそ人を幸せにするものだと信じている。アルコールは不幸に導くもので、酔っ払うのを避けるにはアルコールをまったく飲まないのが一番だと思っているのだ。他の親たちはティーンエージャーが飲酒するという事実を受け入れ、責任をもった飲み方を子どもたちに教えている。ティーンエージャーが安全にアルコールを試し、節度ある飲み方を習得できるのは家庭においてだけだとかれらは感じている。

飲酒の手引き

ティーンエージャーは酒の飲み方を学ぶにしろ、飲まないことを学ぶにしろ、わたしたちの助けを必要とする。パーティで酒を勧められたとき、「けっこうです」と言うのは勇気がいる。謝罪も説明も言い訳もせずに、そう言うことを学ぶ必要がある。

ある父親は十七歳になる娘に言った。「おまえが『けっこうです』と言えば、それが尊重されるんだ。はっきりと言いなさい。言い訳したり、不平を言ったりする必要はない。ただ『ジンジャーエールをください』と頼めばいいんだ」

別の父親は息子にこう言った。「楽しく酒を飲むには技術がいるんだ。チビチビ飲むことを学べ。一気に飲んじゃいかん。グラス一杯の酒を少なくとも一時間もたせるんだ。飲むときには何かを食べろ。そして、一定の間隔を空けながら飲むようにするんだ」

ある母親は娘に次のようなアドバイスをした。「パーティで、デート相手と飲酒について口論しちゃだめよ。パーティは議論にふさわしい場所じゃないわ。彼がお酒を飲んでも責めちゃだめ。飲まないからといって、からかうのもよくないわ。彼がお酒を飲んだら、他の人に車で送ってもらいなさい」

別の母親は息子にこう告げた。「わが家では、夕食前にお酒を楽しむの。親によっては飲酒に反対する人もいるわ。そういう人の家に客として行ったら、お酒を催促するようなことを言っちゃだめよ」

ある父親は息子にアドバイスした。「飲んだら運転するんじゃないぞ。彼女に運転を頼むか、タクシーを呼べ。さもなければ、しらふの友だちに送ってもらうんだ。おまえの車は翌朝取りに行けばいい」

娘にこう告げた父親もいる。「人に勧められたというだけで、いつ、どこでも飲酒に応じたらいかん。決断をしなさい。飲むか飲まないかはおまえ次第だ。おまえが答えを出すんだ。今、本当に酒を飲みたいかどうか、自分の胸に聞いてみろ」

ある母親は娘に忠告した。「パーティであなただけがお酒を飲んでいなかったら、アルコールの入っていない自分用の飲み物を作り、そのなかにチェリーを入れて、ゆっくり飲みなさい」

古代のヘブライの伝説は節度ある飲酒と無責任な飲酒のちがいについて述べている。ノアが葡萄《ぶどう》の蔓《つる》を植えたとき、サタンが彼にアルコールの効果を明かした。サタンは羊、ライオン、猿、豚を殺して、こう説明した。「ワインの最初の一杯はおまえを羊のように穏やかにさせるだろう。二杯目はライオンのような勇気を奮い起こさせるだろう。三杯目は猿のようにふるまわせるだろう。そして、四杯目は豚のように泥のなかを転げまわらせるだろう」

すべてのティーンエージャーは、アルコールが人格や行動にどんな影響を及ぼしうるかを学ばなければならない。

薬物乱用の悪夢

ティーンエージャーをもつ親はろくすっぽ眠れない。セックス、喫煙、飲酒、ドライブなどにまつわる心配があるし、今では、ドラッグの心配もしなければならない。かつては、ドラッグは主としてスラム街で見られたが、今日では、裕福な人たちが住んでいる近隣でも麻薬が深刻な問題になっている。中流家庭の親はもはや、ドラッグについて無知なままではいられない。危険が足元に迫っているのに、知らぬが仏などと言っていられようか。

何百万人という若者が心や気分に影響を及ぼすドラッグを試してきた。その多くは、一度か二度試すだけで、やめる。だが、ドラッグをやりつづけ、「とりこ」になる者もいる。そのような若者は自分の窮状に気づく前に、化学的支えに依存してしまっている。ドラッグはティーンエージャーの生活の一部になってしまっているのだ。

ティーンエージャーが使用するドラッグにはアンフェタミン型覚せい剤、バルビツール酸系睡眠薬、ＬＳＤなどの幻覚剤、マリファナ、コカインなどがある。実際に経験していなくても、話でだけ知っている者もいる。それらのドラッグはだいたいさまざまな隠語で呼ばれる。

一部のティーンエージャーはスリルをもとめてドラッグをやる。接着剤の匂いを嗅《か》ぎ、シンナーを吸い、マリファナ・タバコをふかし、錠剤を飲み、ヘロインの注射さえする。若者はハイになるためならほとんどどんなことでもする。かれらは危険にたいして盲目で、警告に耳を貸さない。あたかも何も失うものがないかのようにふるまっている。危険な行為を正当化するために、生きているのがむなしいといった実存的な言い訳をする。

ティーンエージャーのなかには、他の人たちが喫煙に抱いているのと同じ気持ちをドラッグにたいして抱いている者もいる。あるティーンエージャーはニューヨークタイムズに次のような文章を寄稿した。「十九歳のぼくは、戦争で殺される可能性がある。都市の住民であるぼくは暴動で殺される危険にさらされている。頭がおかしくなったガンマンに殺されるかもしれない。核戦争で人類が絶滅する可能性だってある。米国癌協会は、ぼくが喫煙の危険性を心配するのを本気で期待するのだろうか?」

別のティーンエージャーは言い訳を次のように要約する。「もしタイタニック号に乗船する予約をしてしまったのなら、舵取りなんかする理由はないさ」

LSD——危険な旅

一部のティーンエージャーは困難な問題に直面すると、LSDを用いて安易な解答を見出す。その解答はたんなる思いこみにすぎないが、あたかも真理を悟ったかのような感覚を口にする者もいる。たしかに、ドラッグ体験は神秘体験や救済されたという感覚、さらには恩寵《おんちょう》の体験をもたらすことがある。魔術的なパワーや広大な愛、芸術的な力を感じると主張する人たちもいる。そのような人たちは色がサウンドをもち、音が目に見える、時間の外に広がる夢の世界の話をする。

こうしたドラッグの効果は一九五七年にオルダス・ハクスレーによって予見されていた。ニューヨーク科学アカデミーを前にした話のなかで、彼はこう述べている。「薬理学者はほとんどの人間が今までに味わったことがないようなものをわたしたちにもたらすようになるだろう。慈愛に満ちたやさしさや心の平和や無限の喜びをもたらしてくれるだろう。もしわたしたちが美を求めるなら……かれらは想像できない豊かさと意義をもったビジョンの扉を開いてくれるだろう。もしわたしたちが永遠の命を欲するなら、その夢をかなえてくれないにしても、次善の策を講じてくれるだろう。奇跡的にも一時間に凝縮された永遠の至福体験をもたらしてくれるだろう」

ハクスレーの予測は半分あたった。幻覚剤はエクスタシーや心の平和を誘発することもあるが、恐怖や狂気をもたらすこともあるのだ。ＬＳＤが、安定した人物にさえ、一時的な精神病的症状を生みだす場合があることを示す証拠もある。性格が不安定な人の場合、精神病的状態が長くつづくかもしれない。ある研究者が言うように、「ＬＳＤはすべての人を一時的な狂気に誘い、一部の人を永遠にその状態にとどめてしまう可能性がある」のだ。ＬＳＤが人間の染色体にダメージをもたらすかもしれないという若干の証拠もある。ＬＳＤの使用者は子孫に生まれつきの欠陥をもたらすリスクを負うのだ。

マリファナ

連邦法はマリファナをヘロインのような本格的な麻薬として扱う。マリファナの所持にたいする罰則は重すぎると多くの人は感じている。そう感じている人たちが集まって、かつてマリファナ合法化協会という組織も結成された。多くの専門家はマリファナの合法化には反対しているものの、マリファナをより有害な麻薬と法的に区別すべきだという点には同意している。

ティーンエージャーはマリファナの法律にまつわる厳しい現実を知る必要がある。

ミリアムの父は、大学一年の娘がマリファナを吸っていることを知ったとき、娘をすぐに家に帰らせた。心配して恐れをなしたミリアムが家に帰ると、何の前置きもなく、父親は言った。「おまえがマリファナを吸っていることをわしらは知ったんだ。非常に心配してる。マリファナは違法だ。罰則は厳しすぎるが、条文化されている」「お父さんはタバコを吸い、酒を飲む。わたしにはマリファナがある。どこがちがうの？」とミリアムは抗議した。「マリファナは違法なんだ」と父親は繰り返した。「法律に反するんだよ。マリファナをもつのは犯罪なんだ。それがちがいさ」

ミリアムの親は説教しなかったし、道徳を振りかざすこともしなかった。自分たちの恐れを表し、事実を述べ、娘に選択を委《ゆだ》ねた。「マリファナをあきらめて大学にとどまるか、大学をあきらめて、家に戻ってくるか決めなさい。この近くにも大学はあるんだから」

ミリアムは、親が脅しで言っているのではないことを知っていた。親の心配を感じとったミリアムは自分の選択肢をよく考え、マリファナなしの大学を選んだ。

こうしたアプローチが必ず成功するという保証はない。マリファナはたくさんキャンパスに出まわっている。学生たちが言うように、「それは一杯のミルク同様に受け入れられている」。学生たちに人気があったとしても、親はマリファナを見逃すことはできない。わたしたちは責任ある大人として、違法行為を是認《ぜにん》できないのだ。

マリファナにも害がある

以前は、マリファナが危険だという確たる証拠はなかった。だから、ティーンエージャーは、マリファナを吸うことが、何の副作用もないカクテルを二、三杯飲むようなものだと簡単に自分を納得させることができた。マリファナには依存性がなく、もっと用量を増やしたいとか、もっと強烈なものが欲しいという渇望を生みだすこともないと考えられてきた。

それまで、科学者たちはマリファナの用量のちがいによる効果を測定できなかった。マリファナの純粋な成分を抽出できなかったからだ。その後、テトラヒドロカナビノール（THC）というこの成分が化学者によって合成され、麻薬中毒研究センターで、異なった量のTHCを含むタバコを吸う実験がおこなわれた。含有《がんゆう》量がほどほどのときは、多幸《たこう》感をもたらし、時間、空間感覚の歪曲《わいきょく》が認められた。含有量が多いと、どの被験者にも、一時的な精神病的反応が生みだされた。

ティーンエージャーはマリファナについての正確な事実をあたえられるべきである。かれらは、ただ大げさに言いたてても、脅えたりしない。事情がよくわかっており、自分自身の体験や観察によって、一本のマリファナが狂気への片道切符ではないことを知っているのだ。あるティーンエージャーが言うように、「マリファナは精神病よりも共感を生みだしやすい」のだ。けれども、今では、マリファナが常習性のヘビースモーカーにとって、決して害のない娯楽ではないことを示している（近年アメリカでは、鎮痛効果のあるマリファナを、医療用にかぎって使用することを認める動きが広がり、ハワイ、アラスカ、ワシントン、カリフォルニア、アリゾナ、ネバダ、オレゴン、メイン各州及びコロンビア特別区で立法化されている。しかし、娯楽目的の使用は認められていない）。

ドラッグ乱用を知る手がかり

子どもがドラッグを使っていることを認めるのは親にとってつらいことである。そのため、ちょっとした手がかりを見つけても、しばしばそれを放置する。しかし、以下に掲げるような兆候を見つけたら、ドラッグを使っている可能性が大きいとみなさなければならない。

薬箱から処方薬が紛失する。

子どもの持ち物のなかに、得体の知れない錠剤やカプセルが見つかる。

大量の接着剤、ちぎって中身が搾《しぼ》り取られたチューブ、接着剤が付着したビニール袋、接着剤にまみれた布切れやハンカチなどが見つかる。

息がくさい。衣服に変な匂いがついている。

アルコールの匂いがしないのに、酔っている兆候がある。

マリファナが燃えた匂いや、それを隠すために焚《た》かれた香の匂いがする。

睡眠薬や咳止めの薬の瓶が何本も見つかる。

おかしなときにおかしな場所でサングラスをかけ、長袖のシャツを着ている（開いた瞳孔《どうこう》やヘロインの注射を打った跡を隠すため）。袖《そで》に血痕がついている。

再三お金の無心をする。理由がわからず現金、カメラ、ラジオ、宝石がなくなる。

曲がったスプーン、注射器、点眼器、綿ボールが見つかる。

ひんぱんに物憂げな行動をとる。

ヘロイン

ヘロイン依存者はふつう、「粉末を鼻で吸いこむ」ことからはじめ、「皮下注射」へと進み、「動脈注射」へとエスカレートしていく。ヘロインへの欲求は日々増えていき、そのうちに二、三時間摂取しないだけで、激しい腹痛に見舞われたり、吐いたり、冷や汗をかいたりするようになる。こうした禁断症状はより多くのヘロインを摂取することによってのみ緩和できる。ヘロインは強烈な渇望を生みだす。ヘロインに依存した者は自分自身の化学の囚人となり、ドラッグを入手できるかどうかが死活問題になる。友人、家族、食べ物、セックスなど他のすべての満足の源は無視されるか、放棄される。渇望を満たすためなら、命を危険にさらすことさえいとわない。

ヘロイン依存者はたえまない過剰摂取の恐怖のなかで暮らしている。ヘロインの希釈はとてもいいかげんな方法で行われているので、一回一回の注射の強さを予測することは不可能なのだ。過剰摂取は若いドラッグ依存者たちの間で主要な死因になっている。依存者ならだれでも、注射が命取りになるかもしれないことを知っている。ヘロイン常習者のもう一つの恐怖は感染症である。依存症の人はしばしば単純な衛生のルールさえ無視する。殺菌していない注射針を使いまわすのだ。その結果、皮膚感染や血液感染が頻発する。

依存は高い代償を支払わされる習慣である。ドラッグを確保するために、依存者はほとんどつねに不法行為に頼らざるをえない。かくして、少年たちはしばしば窃盗を犯し、少女たちは売春に走る。

ドラッグ依存は親にとって謎である。それは性より抑えがたく、喫煙より危険で、アルコールより強烈な陶酔をもたらす。ドラッグ依存は専門家にとっても謎なのだ。心理テストをしても、だれが依存するようになるかは予知できない。何が人を依存へと向かわせ、何がそれを促進させ、何がそれを妨げるか、確かなことはまだわかっていない。

事実 対 虚構

ドラッグ依存のイメージはしばしば誤った情報に彩られている。依存者は危険な麻薬崇拝者、みだらで暴力的な性愛好家としてしばしば描かれるが、事実はそうではない。かれらは攻撃するより盗むことのほうを好むし、レイプするよりだますことを選ぶ。ヘロインのような麻酔剤は性衝動や性的傾向を弱める働きがあるのだ（サイケデリックスでさえ知的な催淫《さいいん》剤であるにすぎず、欲求を高めることはありうるが、能力を高めることはない）。

依存者にも希望はある。「一度、麻薬中毒になったら永遠にぬけられない」というのは嘘である。若い依存者をとりまく人生の状況がよいほうに変われば、自分の意志でドラッグをやめることも可能になる。最近、ヘロイン依存の治療が大きな進展を見せた。多幸感をもたらすオピエート（ヘロインに含まれるアルカロイドの一種）の効果を妨げるメタドンという合成薬が発見されたのだ。メタドンの影響下にある間は、ふたたびヘロインへの依存がぶりかえすということはない。ヘロインへの渇望から自由になった元依存者はリハビリへの第一歩を踏みだすチャンスをつかむ。

依存との戦いにおけるもう一つの進展はシクラゾシン（強力な鎮痛剤）の発見である。この薬は麻薬拮抗《きっこう》薬だ。つまり、オピエートによってもたらされる「ハイ」を妨ぎ、ヘロインへの欲求を減少させるのである。科学者たちはこの薬を、麻薬への身体的な依存を断ち切る「ワクチン」開発の重要なステップとみなしている。麻薬の効き目を無効にするそのような薬が発見されれば、少なくとも身体的な面では、依存との戦いに勝利を収められるだろう。

真実が明らかになる瞬間

自分の子どもがドラッグの依存者だということを発見するのは、親にとって魂が震える体験である。ショックと怒りで、親は容赦なく子どもをぶちのめしたい誘惑にかられたり、勘当したくなったりするかもしれない。あるいはその逆に、憐れんだり、甘やかしたりしたくなるかもしれない。いずれの反応も子どものためにはならない。

A氏は、十五歳の息子がヘロイン依存だとわかったとき、怒りにかられた。そのため、息子を鎖でベッドに縛りつけたまま、三日間、部屋に閉じこめておいた。「依存習慣を急激に断ち切ろうとする」その方法は少年を瀕死《ひんし》の状態に追いやった。と同時に、父親との関係を永遠に壊してしまった。

未亡人のB夫人は、十六歳の息子がヘロイン依存で、何人かの犯罪者に借金があることを発見した。ひどく心を痛め、恐れをなした彼女は、即座に借金を払った。その後、息子によって家から持ちだされて質入れされた品物を回収しつづけた。こうして、この母親は間接的に、息子の後押しをしたのだ。彼女の恐怖と憐れみは、息子のドラッグの習慣を維持させた。

それとは対照的に、C氏は息子の依存を知ったとき、証拠をもって息子と向き合った。彼は質問しなかったし、説明も求めなかった。息子に嘘をつくチャンスや言い訳するチャンス、アリバイ工作をするチャンスをあたえたくなかったのだ。C氏はこう言った。「おまえが来る日も来る日も味わわなければならなかったにちがいない苦しみを考えているんだ。お金をかき集め、ドラッグをかき集め、嘘をつき、盗みをし、警官を恐れて暮らさなければならなかった日々のことをだ。もうそんなことはしなくていい。おまえは助けを必要としている。そして、その助けが得られるんだ」医師の監督の下で、少年は禁断治療と精神的な治療を受けた。その厳しい試練の間、親は息子のそばにいてやった。親は少年自身が述べているように、「自尊心を取り戻し、人間に戻る」のを助けたのだ。

息子がドラッグに依存し、苦しんでいるのを見ると、わたしたちはつい憐れみをかけてやりたくなる。だが、憐れみは禁物である。子どもが必要としているのはわたしたちの同情や憐れみではなく、強さだからだ。本人の自己憐憫《れんびん》の大きさに比べたら、わたしたちの同情など大海の一滴にすぎない。正直に向き合うしかないのだ。真実が明らかになる瞬間、子どもの過去の嘘、盗み、信頼の裏切りなどを非難するのは避けたほうがいい。現在と未来に焦点を当て、明瞭な言葉で、家庭は彼を悪習の結果から守ってやれないことを伝えればいいのだ。違法行為を是認することはできないし、法律の違反者をかくまうことはできない。結論ははっきりしている。「家にいてドラッグをつづけることはできない」

治療——新しいアプローチ

治療のためには、自発的に施設に入る必要があるかもしれない。親はこの試練のために自ら強くならなければならない。子どもが施設に入っている間、親は子どもと接触するのを制限されたり、禁じられたりするかもしれない。子どもに手紙を書くのを禁じられたり、子どもから手紙がきても、開封せずに送り返すよう求められたりすることもある。電話でのやりとりもしないよう求められるかもしれない。子どもが許可なく施設から出てきた場合には、子どもを家に入れないようにし、「帰りなさい。ここでは、おまえに言うことは何もないんだ」と言って追い返すよう求められる。以上が、子どもをデイトップ・ビレッジ（薬物依存の人たちを受け入れ、開放的な環境の下で治療するコミュニティ。これに似た施設として、日本にはダルクと呼ばれるものが全国各地にある）に受け入れてもらうときに、親があたえられる指示である。デイトップは新しい治療方法の先駆けとなっている。狙いは、依存者の価値観を変えること、手法は具体的で、劇的である。複雑なリハビリのシステムをわかってもらうため、デイトップのプログラムを紹介しよう。

デイトップのプログラム

デイトップ・ビレッジは精神科医の監督下、元薬物依存者によって運営されている。かれらは「クライアント候補」が有能なペテン師、巧みに人を操る人間、嘘の達人であることを承知しており、そのような人間に対処できる力を備えている。ビレッジを最初に訪れたクライアント候補は、待つように言われる。五、六時間、だれもその人物に話しかけない。ドアは開けっ放しで、去りたければ、去ることができる。それが彼の通過儀礼の最初のステップなのだ。次に面談が行われ、依存者は三人の整髪した、穏やかな物腰の、やさしい口調で語る「まじめ人間」のように見える人たちと対面する。即座に彼は水を得た魚のように感じる。「この手の人間のことはわかっている。眠っていてもごまかすことができる」と彼は考える。しばらくの間、かれらは彼に悲しい物語を語らせる。それから、爆弾を落とす。

「きみはだれに話してると思ってんだ?」

「きみはどこにいると思ってんだ?」

「このヤク中はまたマリファナにありつけると思ってんだ」

「そんなたわ言、もう何年も聞いたことがないぞ」

「きっとママやパパから十分な愛情をもらえなかったんだな」

この思いがけない一撃は、岩を砕くハンマーのような力で振り下ろされ、実際に同様な効果を発揮する。つまり、幻想を打ち砕くのだ。メッセージは歴然としている。「ここでは、機転や決まりきった言い訳や偽りのアリバイは通用しない」ということだ。責めを親、友人、社会に転嫁することも許されない。新参者は自分に情け容赦のない質問を浴びせる前科者に対面するのだ。

「きみの両親が汚れた注射針を腕に突き刺すよう無理強いしたのか?」

「きみに注射器をくれたのは、母親か父親だって言うのか? ひょっとしたら、タフな先生か非情な警官だったんじゃないか?」

面談が終わる頃までに、クライアント候補は、依存の原因が自分のなかにあることを認める心の準備ができている。最初のゆさぶりのあと、新参者は何人かの先輩に紹介され、施設のルールと哲学を知らされる。

デイトップには、ドラッグ、肉体的な暴力、責任逃れを禁じる掟《おきて》があるが、初心者には、さらなる規制が課せられる。電話や手紙は禁じられ、お金ももたせてもらえない。成長するために導きとしつけを必要とする小さな子どもとみなされるのだ。

行動や価値観を変えるためにデイトップが採用している主要な手段はエンカウンター・グループ（正直な気持ちをぶつけあう会合）である。その小さなグループの会合で、現在の行動や人格についての議論が集中的になされる。メンバーはお互いに本能レベルで反応し合い、しばしば汚い言葉を投げかける。狙いはどん底の感情に触れることにある。メンバーは具体的な言葉で詮索され、批判される。問題は、「それぞれが、正直で責任ある人間になるという目標にどれだけしっかり迫っていけるか」である。話し合いは乱暴で、言葉による暴力を含んでいる。グループのメンバーは飾らない正直さで衝突し合う。「はがす」べきものがたくさんあるのだ。すべての価値体系が変えられなければならない。それぞれの依存者はストリートの掟（密告しない）を放棄し、「信頼、誠実、正直」をモットーにする名誉の掟を受け入れなければならない。

その他の治療法としては、マラソン（三〇時間継続するエンカウンター）、具体的な精神医学的な問題についての「調査」（話し合い）、哲学的問題に関する日々のセミナーなどがある。狙いは、個々のメンバーに、概念化の能力や、抽象的にものを考える能力があることを伝えることである。ある元依存者はこんなふうに述べている。「デイトップに来るまでは、麻薬以外のことについて、何か考えられるなんて信じられませんでした」

すべてのメンバーはまた、さまざまな役割を演じるセッションを受ける。ロールプレイングは、かれらが家庭や社会に戻ったさいに出会うだろう状況に対処する準備となる。デイトップを卒業した人の多くは、依存者のためのさまざまな治療施設の重要なスタッフになる。

健康への道

依存者の健康と成熟への道は非常に険しい。人は生涯をかけて、安全と力と快楽を得るために努力するが、ドラッグはそれらを即座に得られるという幻想をもたらす。今や、依存者は即席の満足がない人生に直面しなければならない。魔法の注射針や痛みを和らげる錠剤がこれみよがしに近くにあるのに、緊張に耐え、誘惑に抵抗しなければならない。ローマの詩人、バージルの言葉が依存者の状態をもっともよく言い表している。「地獄へ下降するのは簡単である。夜昼となく、門は開いているが、斜面をふたたび登って、外に逃れるのは、本当に大変なのだ」

ティーンエージャーのドラッグの乱用を食いとめる鍵は、思春期の子どもたち自身のなかにある。子どもから大人へと脱皮するには、成熟し、責任感を身につける必要がある。そのためには、不安や緊張に耐え、疑いを処理し、葛藤を解決し、欲求不満を抱えて生きる能力を培わなければならない。ほとんどのティーンエージャーはそうした困難をなんとか乗り越えていくが、一部のティーンエージャーは大人の責任に直面できない。かれらは失敗の恐れに呑みこまれ、ドラッグに安易な近道を見出そうとする。

ドラッグ依存の具体的な解決策は人格の発達の問題と切り離すことができない。わたしたちが子どもの正当な欲求を満たす方法を学べば学ぶほど、子どもは違法な満足に頼らなくてもすむようになる。自立心が旺盛になればなるほど、ドラッグに依存する危険は低くなる。自主独立の気概が高まれば高まるほど、化学物質に逃避する可能性は小さくなる。わたしたちが子どもに何かを要求したり、制限を課したり、価値を主張したりするとき、子どもの助けになる態度を貫き、あくまでも人間的なスキルを用いるようにすれば、ドラッグの乱用を防ぐ最大の防御策になるだろう。

〈12章〉学び、成長し、変わる

本章は親とティーンエージャーの子どもとのやりとりを描く寸描からなっている。それらは親子の共存の努力を描く一連のショート・ストーリーであり、それぞれの自尊心を保とうとする戦いと、できるだけ少ない不協和音のなかで暮らそうとする相互の試みをとりあげている。読者は学び、成長し、変わっていく親子の姿を垣間見ることができるだろう。

沈黙のレッスン

ビーチを散歩しながら、十八歳のノラは母親にたずねた。「ママは夫を手に入れて、そのあと、どうやって自分に引きつけておいたの?」母親はしばらく考えてから、腰を屈めて、両手いっぱいに砂をすくい上げた。そして、片手を強く握った。砂が指の間からこぼれ落ちた。強く握れば握るほど、こぼれる砂の量は増した。もう一方の手は開いたままにしていた。砂はこぼれなかった。ノラは驚いた顔をして母親を見、静かに言った。「わかったわ」

ノラの母親は基本的な真理を見事に証明してみせたのだ。力は愛の対極にあるということである。ノラはこの助言を必要としていた。フィアンセとけんかしていて、惨めに思っていたのだ。母親の沈黙のメッセージはノラに洞察をもたらした。「わたし、独占欲が強すぎるのね。それで問題を引き起こしてるんだわ。変わらなくちゃ」こうしてノラは変わった。ノラの話はこうだ。

「婚約者が怒ったのはね、彼が嫌っているあるカップルからの夕食への招待をわたしが受けたからなの。車でかれらの家に向かう途中、彼が楽しめない人に無理やり引き合わせようとしたことが、これまでもたびたびあったことに気づいたの。前は、わたし、ふくれっ面をしたり、口論をふっかけたりよくしたものだわ。今回はこう思った。『彼にだって好みをうんぬんする権利がある』って。わたし、彼の腰に腕をまわして言ったの。『あなたに謝りたいわ。あなたがどんな気持ちかわかる。あの二人といっしょにいたくないだけなんでしょう。本当にごめんなさい』

彼、びっくりして私を見たわ。怒りは消えていた。『いやあ……わかってくれてありがとう』と彼は言ったの。まさに二人の勝利の瞬間だったわ！」

憎しみを生む説教

十七歳のナナはウィンドウ・ショッピングをしていた。ある高価なコートに彼女の目は釘づけになった。とたんに、とげのある声がした。「あなた、自分の店を開けるほどたくさん服をもってるでしょう。お金は木に生えないのよ。お父さん、生活のために一生懸命働いてるわ。やりくりするのが大変なの」

即座に雰囲気が気まずくなった。ナナの顔から血の気が引いた。冷たい目で母親を見、険《けん》のある口調でナナは言った。「たとえ億万長者になっても、高価な服は買ってくれないでしょうね」母親は言った。「こんなくだらないことに時間をさくのはもうたくさん。ランチにしましょう」恨みを胸に抱き、足を引きずりながら、ナナは母の後についてレストランに入った。母と娘のムードは修復不能なほど険悪になってしまっていた。おいしい料理も台無しだっただろう。

この出来事はちがった終わり方ができたはずだ。予算がかぎられていたにしても、親はもっと思いやりのこもった対応ができたはずだ。たとえば、こんな言い方だってできただろう。「あのコートを買ってあげられるだけの予算があればよかったのにね。ずいぶん気に入っていたみたいだもの」母親は、現実にあたえてやれなかったものを、空想のなかであたえることもできたのだ。

そのような反応は、誠実で妥当なものであれば、子どもの慰めになりうる。けれども、子どもを利用したり、操ったりするために用いられると、恨みを買うことになる。

実りのある対話

十四歳のウェンディが目に涙を浮かべ、腹を立てて帰ってきた。

ウェンディ：学校に行きたくない。もう二度と行かない。

母親：腹を立ててるのね。すごく怒っているように見えるわ。

ウェンディ：わかるんだ。でも、気持ちを変えさせようとしてもだめよ。決めたの。最終決断よ。（だいぶ落ち着いてきている）

母親：何があったか話したいんじゃないの？

ウェンディ：お母さんには心が読めるんだから、お母さんが話してよ。
母親：いまここであなたの問題を読みあてられるほどの力はないわ。
ウェンディ：子どもたちってとっても残酷ね。
母親：そうかもね。
ウェンディ：あるセックスの言葉の意味をわたし知らなかったの。ビッキーがうっかりそれをボーイフレンドにもらしたのよ。そしたら、彼はそれを友だちに告げたらしいの。男の子たちは面白がって、わたしをからかったわ。すごく恥ずかしくて、へこんじゃったの。
母親：自分の欲求を満たすためにいじわるする人っているのよ。
ウェンディ：ううん、ビッキーのことはわかってる。気持ちは理解できるの。最初は、わたしが学校新聞の編集員に選ばれたとき、彼女が当てこすりを言ったの。次に、特別な合唱曲でソロを競い合ったとき、わたしが選ばれたの。彼女、気にしていないふりをしたわ。だけど、どんなに落胆したかわかったの。人をけなしたくなるのも不思議じゃないわ。
母親：あなたがビッキーのことを理解したのはわかったわ。
ウェンディ：だけど、わたしが男の子たちの前で間抜けのように見えるよう彼女が仕組んだという事実には変わりがないわ。本気でかれらを気にしているというんじゃないけど。

母親：その男の子たち、あなたの友だちじゃないの？

ウェンディ：ただの子どもよ。でも、わたしのことばかだと思ってるにちがいない。ビッキーがわたしに知ってるかどうか聞いた言葉、お母さんだって、きっと知らないと思うわ。

母親：たぶんね。

ウェンディ：とっても下品な言葉なの。ビッキーにその意味を聞かれて、わたし、言うのを拒んだだけなの。知らないことを認めたくなかったから。たとえ知っていたとしても、言いたくなかったでしょうね。すべてばかげてる。でも、まだむかついてるの。実際に胃がチクチクするもの。

母親：温かいミルクを一杯どう？

ウェンディ：大丈夫。人の気持ちを踏みにじる人って本当にいるのね。わたしが言いたいことわかるでしょう？

母親：わかってると思うわ。

ウェンディ：もしだれかが明日、この問題をもちだそうとしたら、失せろって言うわ。

母親：自信をもってそう言いなさい。

ウェンディ：それとも、ほかにすることのない人たちの子どもじみた発言として、ただ無視するかもしれない。

母親：それも一つの考えね。

ウェンディの母親はこの出来事を振り返って、新たに見出した自分のスキルに満足し、このように述べた。「かつてなら、こうした状況を扱いかねていたでしょうね。娘友だちにたいしてもっと寛大になったらどうかと娘に言っていたかもしれません。娘の気持ちを打ち消し、そんなナンセンスなことで腹を立てるのはばかげていると告げていたかもしれません。それればかりか、自分からその少女の母親に電話をかけ、ふしだらな言葉の意味をウェンディに問いただしたことで、少女を叱ってもらいたいと頼んでさえいたかもしれません。こうした〝解決法〟はみな、なんの役にも立たなかったでしょうね」

翌朝、ウェンディはその「下品な」言葉を母に明かした。二人はそれについて話し合い、けりをつけた。ウェンディは学校に出かける前、母親に一篇の詩を手渡した。

詩

ウェンディ

世界が眠りについているとき
私は窓から外を眺め、じっと観察する。
そして、かつて命がざわめいていた
静寂を見つめる。

影が忍び寄ってきて
大地に広がる。

窓ガラスに顔を押しつける。
かろうじてしか見えないけれど……
静寂に包まれた地球の
砂の上に、舗道に、人生に、たくさんの足跡が見える。

私は地上の生き物の小さなかけらにすぎないけれど
神に誓う
一生を終える前に
私がここにいたことをきっと世界に知らしめますと。

ドロップアウトした息子

利発で芸術家肌、どちらかというと恥ずかしがりやの大学二年生である十九歳のハリスは学校からドロップアウトした。それは父親が選んだアイビーリーグの大学だった。その出来事は爆弾のように家族を襲った。父親はスポーツカーと世界一周旅行のチケットで息子を買収しようとした。学校にさえもどれば天国が約束されたのだ。また、教育の役割を強調し、お金のことを述べ、財政的な制裁をほのめかした。ハリスは脅しにも買収にも屈しなかった。次に紹介する手紙で、決断にいたった理由を述べている。

「ぼくの父は出世主義者です。人生でずっと卓越さの紋章を追い求めてきました。父は権力の象徴を使って、自分が実際に出世したことを証明しようとしています。運転手つきのリムジンに乗り、ファーストクラスで空を飛びまわり、高価なスーツを着、アメリカでもっとも高くつく精神科医の長いすに横たわるのです。浴室には黄金の蛇口が、オフィスにはピカソの絵があります。父のマホガニーの机は床に敷きつめられた絨毯の色を引きたたせます。フィンランド式サウナとフレンチバーもあります。けれども、世界に友だちが一人もいません。従業員は父を嫌っています。威張りちらしているからです。父は重要人物としか話をしません。父にとって、人間はたんなるコネにすぎないのです。社会的地位に応じて、古い知り合いと縁を切り、新しい知り合いを開拓します。こうした世俗的な成功の陰で、父は不安を抱き、失敗を恐れています。華々しい成功に父の自尊心はついていけなかったのです。

現在、ぼくが同じような出世街道に乗るのを父は望んでいます。大学、大学院、顧問弁護士の事務所、ふかふかの絨毯を敷いた重役室、完璧な年金。父の野心はすばらしいものかもしれませんが、ぼくにはまったく興味がありません。父は成功する以外、目標も、夢も、情熱もないような暮らしぶりです。

『おまえはどうするつもりなんだ?』と父はいつもたずねます。『放浪して絵を描き、絵を描いて放浪する』以外、何の計画もないと告げると、父は卒倒しそうになりました。

『いつまでこんなふうにぶらぶらしてるんだ?』と父は詰問しました。

『ぼくの命が十分にキャンバスに流れこむまで』とぼくは答えました。すると父は正気を失った人間を見るかのような目でぼくを見て、当惑し、意気消沈して去っていきました。そして、ぼくは大学をドロップアウトしたのです」

わが子はエコノミスト

ある父親はこんな不平を漏らした。

「身を粉にして働き、息子に最高の学校、キャンプ、無数のぜいたく品をあてがってきました。それなのに、突然、わたしのお金が汚れているみたいにふるまいはじめたのです。息子は教育を専攻していますが、教師になることを望んでいません。どうやって生計を立てていくつもりだと聞くと、軽蔑心をあらわにして、『人生には、お金をかせぐより大切なことがあるんだ』と言うんです。どういうことかと聞くと、わたしに経済の講義をしました。『父さんは小金を貯めることや倹約することがいいことだと思ってるだろ。だけど、今の時代、そうじゃないんだ。無駄遣いしなければ、仕事がなくなるだろう。倹約家とその質素な妻は経済にとって危険なんだよ。かれらは新たな恐慌をもたらすかもしれない。父さんの考えは時代遅れなのさ。父さんは生計を立てることに興味があるけど、ぼくは生きることに興味があるんだ。それがぼくらのちがいさ』

息子の論理と厚かましさにびっくりさせられました。わたしは息子と議論するかわりに、息子のギターを借りて、抗議の歌《プロテストソング》を歌いましたよ。こんな歌詞です。『わたしのことを時代遅れで、おかしいと思っているのに、息子はわたしの車を借り、わたしのお金を使うのさ』とにかく、二人で大笑いしました。本当は息子を信じているんです。息子は成長し、変わり、自分の道を見つけてくれるでしょう」

革命家の息子

ある「急進派」の息子をもった父親はこんなふうに嘆いている。

「うちの息子は、世の中が偽善と二枚舌とペテンに満ちていることを発見し、世直しをする決心をしたんです。そこで、泥棒に名誉を、人食い人種に栄養を、ペンタゴンに平和を教えることに決めました。息子は、人生が不完全だということを受け入れられないのです。息子は言います。『世界の現状がどんなふうになっているかわかってるけど、ぼくは理想の未来像を思い描いているんだ』息子は必要とあらば、だれの手も借りずに、世の中を愛と平和と美に満ちた場所に変えるつもりなんです。

わたしが望むのは、息子がその人類愛的な枠組みに家族もひっくるめてもらいたいということだけです。家のなかの耐えがたい状況を変えることから、革命をはじめてもらいたいんです。世直ししながらでも、自分の部屋をきれいにできるはずだし、人類のために尽くしながら、家庭の雑用を手伝えるはずです。

でも、そのことは自分の胸の内にしまっています。息子の反論が想像できるからです。息子はきっとこう言うでしょう。『世の革命家に、服をかけるとか靴を磨くとかゴミ出しをするといったことを期待するのは、小市民だけさ』って」

人間として尊重されたい

十三歳のロナはキッチンでバイオリンの練習をするのが好きだ。夕食の準備をする午後五時から七時までの間だけは、練習を禁じられている。ある晩、ロナはバイオリンを弾きにキッチンにやってきた。すると母親が、「六時にはキッチンで練習できないわよ」と言った。ロナはプンプン怒ってバイオリンを持って出ていった。ちょうどそのとき、妹が居間でピアノを弾きはじめた。ロナはキッチンに駆けもどってくると、こう叫んだ。「答えて！　どうして妹は今、演奏できて、わたしはできないの？」「その答えはわかってるでしょう」と母親は答えた。

翌朝、ロナは言った。「昨夜のことは、まだ怒ってるわ！」母親は不平を紙に書いてくれるようロナに頼んだ。これがその手紙である。

親愛なるお母さんへ

お母さんはわたしのことを人間でないかのように扱っています。お母さんがわたしに言うのは、「あなたには説明する必要ないわ！　あなたは子どもだし、わたしは大人ですもの！」ということだけ。これは不公平です。わたしはお母さんやお父さんや他の人たちから尊重される資格のある人間なのです。お母さんはわたしのことを、人間社会に適合しない一片のゴミのように扱っています。わたしは人間として扱われたいと頼んでいるのではなく、要求しているのです。

昨夜、わたしは重大な不正を目撃しました。お母さんは正当な答えができなかったため、例によって、「自分で考えなさい！」と言いました。途方にくれるといつもそう答えることに、わたしが気づいていないと思っているのです。

わたしはお母さんに公平に接するのをやめたいと思います。わたしがどんな気持ちを味わっているか知ってもらうためです。少しは改善したほうがいいと思います。わたしはもう今までのようにおとなしくはしないつもりだからです。わたしをお母さんの部屋に呼んで、いつものスピーチをするのはどうかやめてください。いやですから。言い逃れの答えではなく、しっかりとした説明をしてほしいのです。

母親は次のような返事を出した。

親愛なるロナへ

あなたの強い気持ちを教えてくれてありがとう。あなたの正直さと素直さに感謝するわ。わたしがあなたの質問の一部になぜ答えないのかをあなたはたずねています。以下がわたしの説明です。あなたはしばしば自分で答えがわかっている質問をするとわたしは感じています。けれども、あなたがこのことにそれほどまでに強い気持ちをもっているのなら、あなたのする実質的な質問にはすべて答える努力をするわ。あなたが人間として尊重される資格があるということには賛成します。

愛と尊敬をこめて
母より

追伸　夕食の準備をする五時から七時までを除けば、キッチンでバイオリンの演奏をするのはいつでも歓迎よ。

役割を変える

パート1

ある母親は二人の息子にたいして自分がどうしようもない態度をとっていることに気づいた。それはつらい気づきだった。以下に紹介するのは、彼女の変わろうとする努力を述べたものだ。

「二人の息子との関係をずっと考えてきました。かれらにそれぞれ役割を割り当ててきたのはわかっています。十三歳のウォーレンには大きないじめっ子、九歳のビリーには小さな弱虫という役割です。二人がけんかしたときには、公平に対応しようとするんですが、どうしてもビリーにはやさしい言い方になり、ウォーレンにはきつい言い方になります。『この子は大きないじめっ子だわ。弟を苦しめるよりましなことを教えてやらなきゃ』と思ってしまうんです。

ウォーレンがなぜけんかをふっかけるのか頭ではわかっています。最初に生まれたために、十分に甘えられなかったんです。だけどわたしは、心のなかで、あの子にいじめっ子の烙印《らくいん》を押してきました。わたしがあの子にあたえたその役割をウォーレンは演じてきたんです。今、ウォーレンの役割を変え、ちがった目であの子を見てやりたいと思います。そして、わたしがなってもらいたいと思うような子どもにすでになっているかのように、扱ってやりたいんです。

そのためには、子どもたちと距離を置く必要があると思いました。友人の子どもたちの面倒を見ているときには、けんかしてもカッとなりません。それを個人的に受けとめないからです。だったら、自分がかれらの親ではないと想像してみよう。かれらのベビーシッターになればいいんだ。そう考えると、わくわくしてきました。次のけんかが起こるのが待ち遠しくさえありました。機会はすぐ訪れました。そして、わたしは新しい仕方で対応したんです。

弟のビリーには、次のようなメッセージを伝えようとしました。『あなたは攻撃されたら、自分を守ることができるのよ。お兄ちゃんにたいして自分の力を試せば、やられっぱなしでメタメタになるんじゃなくて、やりかえすこともできるのよ。あなたはどんどん成長し、お兄ちゃんにからかわれることが少なくなっていくわ。たまに、ウォーレンはあなたの手に負えなくなるけど、あなたはいつでも立ち直れるのよ。あなたはタフで、立ち直りが早いんだから』

上の息子には次のようなメッセージを送ろうとしました。『あなたにはお兄ちゃんとして敬意を払うわ。あなたのことを、自分のパワーを賢く使う有能な強い人間とみなすことにする。あなたがとってもやさしくペットを抱いたり、友だちを助けたりできるのを見てきたの。でも、弟をやさしく扱うのはむずかしいでしょう。ビリーはよくあなたを困らせるものね。たまには、弟なんかいないほうがよかったと思うでしょう。あなたの気持ちはわかるけど、フェアプレイを期待するわ』」

パート2

「二週間前、息子たちにちがう役割を割り当てた話をしました。結果は、信じられないくらいうまくいきました。それまではわたしの態度が、兄弟同士、仲良く楽しむのを妨げていたのです。最近では、二人で生き生きと遊び、殴《なぐ》りあい、取っ組みあい、笑いあっています。

一度ウォーレンがあまりに強くビリーを殴ったとき、ビリーは泣いて動かなくなりました。すると、ウォーレンは『ごめんな』と言って、おかしな顔をこしらえてビリーを笑わせました。別のけんかでは、ビリーに仕返しをさせるため、自分を殴らせました。そして、ビリーを称賛したんです。『おまえ、なかなかやるじゃないか！』って。たまに二人はお互いをののしりあいます。でも、わたしがそ知らぬふりをしてニンジンをさいの目に切り、歌を口ずさんでいると、そのうちにやめてしまうんです。

変化のすべては信じられませんでした。わたしは落ち着きとパワーを感じています。ビリーが兄のせいで腕につけられた七つの黒あざをわたしに見せたときには、ただその数を数え、感嘆して言いました。『あなたも荒っぽい遊びがたくさんできるのね』黒あざはビリーの名誉勲章になりました。

一度、ウォーレンに強く押されたとき、ビリーは兄に投げつけようとヘチマを手に取りました。わたしは二人の間に割って入りました。『ビリー、そんなことはさせられないわ。お兄ちゃんにあたるでしょう。あなたは自分の強い腕っぷしで、お兄ちゃんを叩きのめせるわ。ウォーレン、ビリーがとても怒っているから、あなたの命が危険よ。この部屋から出ていきなさい。ビリー、怒りが鎮まるまでわたしといっしょにきなさい』ウォーレンは急いで部屋から出ていきました。ビリーは兄より三インチほど背が高く見えました。

ある日、友だちのロジャーが顔面にパンチを食らわすぞと脅した、とビリーが言ったんです。わたしはこう言いました。『ロジャーがあなたにパンチを？　そんな勇気があるの？』ビリーはけげんな顔をして言いました。『どうして？』『彼、あなたのこと知らないの？』と聞くと、『ぼくの何をさ？』とビリーは言いました。『もしあなたを攻撃したら、部屋の端まであなたにぶっとばされるのを知らないのかっていうことよ』ビリーは忍び笑いをして言いました。『そうだね。ぼくとけんかをはじめるなんてばかだよね』

いい感じでした。わたしたちが全員、武装解除したかのようでした。息子たちは仲良く遊びました。ちょっとしたけんかをすることはありましたが、仲直りすると長くつづきました。うれしかったですね。その奇跡について世間に話したいと思いました。『ここに兄弟間の争いの解決法がある』とみんなに大きな声で伝えたかったんです。でも、怖くもありました。それを話すと、すべてが消えてしまうような気がしたからです。でも、わたしの目の前に、一見平和が永遠につづくかのように思える証拠がありました。

　昨日の朝、わたしに天罰が下りました。ビリーが大好きなオレンジジュースをこぼしたんです。ビリーがすすり泣くと、ウォーレンがそれをまねたので、ビリーは大声で泣きだしました。胃が締めつけられるのを感じながらわたしは自分に言い聞かせました。『落ち着きなさい。新しいやり方を思い出すのよ。距離を置かなきゃ。ウォーレンはいじめっ子じゃないわ。彼を信じるの。きっと仲直りする方法を見つけるわ』ウォーレンがまねをエスカレートさせたため、ビリーは彼にスプーンを投げつけました。ウォーレンは怒って、『おまえはわめきちらせるけど、我慢ができない』と言い、弟につめ寄ったんです。わたしは手を伸ばして二人の間に割って入り、『ウォーレン、よしなさい。平和的に解決できるのを知ってるでしょう』と言いましたが、無駄でした。わたしを押しのけ、ビリーを殴ったんです。『こいつは我慢することを覚えなきゃいけないんだ』と言って。わたしは二人を引き離し、ビリーをなだめ、ウォーレンをどなりつけました。そして二人を学校に行かせたんです。

　わたしはその出来事をあまり深く考えないようにしようとしました。自分自身にこう言ったんです。『あなたは何を期待していたの？　永遠の調和？　今回の出来事は、月曜の朝の憂鬱のせいにすればいいわ』だけど、古いパターンに舞い戻ってしまったと感じたんです。怒って、絶望し、行きづまるというパターンです。そこで、理解のある友人に話をし、新しい考え方を取り戻しました。

もちろん、ウォーレンはこれからもたまに弟をいじめるでしょう。だからって、いじめっ子だということにはなりません。子どもたちのけんかは、一種のじゃれあいにすぎないんです。ウォーレンに弟と平和に共存する責任を全面的に負わせるのは非現実的でした。親はある時点で、自分の価値観を明確に告げるべきなんです。

まねをしてはいけない。
相手を傷つけるのはぜったいに禁止。
わが家では、拷問《ごうもん》はしない。
故意にだれかをからかい、泣かせるのはだめ。
人は傷つけるためにいるのではない。敬うためにいるのだ。

月曜日の朝に起こったことを、わたしはどうやら心配しすぎたようです。子どもたちはまた元の仲よし兄弟に戻りました。ウォーレンがこんなことを言っているのを耳にしたんです。『ビリー、おまえは相当強いぞ。おれがおまえの年頃には、そんなに強くなかった。おれにけんかの仕方を教えてくれる兄貴がいなかったからな。おまえはおれみたいな兄貴がいてラッキーだよ。敵を押さえつけて身動きできなくさせる方法を教えてやるよ』

わたしは笑いながら聞いていました。でも、期待に胸を膨らませるようなことはしませんでした。つづかないのはわかっていましたから。でも、次にけんかが起こったときにどうすればいいかもわかっていました。わたしたちの関係がまた元に戻るなんてことはありえないでしょうね」

宿題についての会話

ロナルド（十二歳）：ママ、手紙を一通あずかってきたから、サインして。先生からだよ。

母親：二通あるじゃない。

ロナルド：あ、そうか、一通見せるの忘れてた。

母親：（最初の手紙を読む）親愛なるミセスA。ロナルドが今学期ずっと社会の宿題をやってきていないことをお知らせします。（二通目の手紙を読む）親愛なるミセスA。ロナルドは英文学の宿題をやってきませんでした。ですから、社会の宿題だけではなく、課題図書を読む宿題もやってもらわねばなりません。返事をお待ちしております。

母親：(長い間を置いてから) これはとても重大な問題よ！

ロナルド：知ってる。でも、どうしようもないよ。無駄だよ、ママ。ぼく、宿題する習慣がないんだもの。一年生のときからやってこなかったんだから。今さら、変えられないよ。

母親：ウーン (手紙を手に取り、ふたたび見つめる)。これはとても重要な問題だわ！

ロナルド：ぼくの机の上に、〝宿題を忘れるな〟って書いておけばいいんじゃない。

母親：そうすれば思い出せると思う？

ロナルド：たぶんね。でも、それだけじゃすまないよね。自分のどこに問題があるのかわからないんだ。ぼく以外、全員宿題をやってるんだもの。

母親：(浮かぬ顔をしてじっと座っている。沈黙が重苦しい)

ロナルド：で、どうするつもり？

母親：問題は、あなたがどうするつもりかってことよ。あなたは何かしたいと思うと、たとえそれが大変なことでも、やるのはわかってるわ。ギターがそうだったでしょう。あの大きな楽器をあなたが弾きこなせるようになるなんてだれも思っていなかった。だけど、あなたの決意は固かった。毎晩、練習して、弾くのを覚えたでしょう。

ロナルド：問題はそこなんだよ！　ぼくはギターを弾きたかったけど、宿題はしたくないんだ！

母親：わかるわ。あなたをやりたい気持ちにさせるってことが問題なのよ。

ロナルド：そうだね。ぼくにはもう一つ問題がある。時間を賢く使っていないってことさ。たとえば、一ページやり終えると、次のページに進むのがふつうなんだけど、ぼくの場合はそうじゃないんだ。ただ鉛筆をかじりながら、ぼんやりしてるんだ。こんなふうにね。

母親：あら、それじゃあ、時間を賢く使う術を覚える必要もあるのね。

ロナルド：そうなんだ。（長い沈黙）で、なんて書くつもり？

母親：手紙をどう書きだせばいいかはわかってる。だから、この問題をどうするかについてのあなたのプランを聞かせてちょうだい。わたし、書きながら声に出して読むから。それであなたがよかったら、そう言って。親愛なる先生。あなたの二通の手紙をロナルドから受け取りました。これはとても重要な問題です。知らせていただき感謝します。この問題についてロナルドと話し合いました。ロナルドは……次になんて書けばいいの？

ロナルド：これからは、社会科の教科書を家に持って帰るようにしますって書いて。

母親：ロナルドは社会科の教科書を家に持ち帰る予定だと言っております。他には？

ロナルド：月曜日までに宿題をしてもっていくよ。

母親：ロナルドは、課題図書を読んで、月曜日に宿題を持っていく予定だとも申しております。

ロナルド：それでいいよ。それに、時間を無駄にするのをやめるつもりだとも書いてくれる？

母親：時間をもっと有効に使うつもりだとロナルドは言っています。それでいい？

ロナルド：（ほっとため息をついて）すごいよ、ママ、どなったり、ガタガタ言ったりしなかったじゃない。

母親：これはとても大事なことよ。どならなかったのは、あなたが責任をとれば、問題が解決すると信じたからなの。だけどまちがいをしないようにね。これはとても大切なことなんだから。

だれが決めるのか?

以下の話は、息子に決断を任せようとして葛藤したある母親が語ってくれたものだ。

「十七歳になる息子がキャンプでアート・ディレクターをしてくれないかというオファーを受けたんです。その誘いは息子にとってとても名誉なものでした。けれど、息子はあまりうれしそうじゃありませんでした。それどころか、困ったという顔をしたんです。称賛されて、かえって不安になったんでしょう。

わたしはすぐにオファーを受け入れるよう主張したかったんですが、こらえました。アート・ディレクターを引き受ければ、息子にとって最高の夏になることは、内心、わかっていました。理由を並べたてて、キャンプに行くべきだということを息子に言ってやりたかったんです。本気で、息子の背中を押してやりたい誘惑にかられましたよ。だけど、『息子は操り人形じゃない』と自分に言い聞かせたんです。で、息子が自分で決断するのを待ちました。『大変な決断ね。よく考えなくちゃね』と言ったんです。すると、ノーマンはこんなふうに答えました。『今年の夏、それがぼくの本当にしたいことかどうかわからないんだ。決断するのに時間が必要だよ』

二週間後、ノーマンは誘いを受け入れ、契約に署名しました。わたしにとって長い二週間だったわ。でも、わたしは信念を貫きました。『息子のドラマなんだから、息子自身が指揮をとらなくちゃね。舞台にあがるのは息子。わたしの役目は観客席で見ていること。そして、共感と祈りと誇りの気持ちをもって見守ることよ』って自分に言い聞かせつづけたんです」

スポーツと親の心配

次のエピソードの語り手は十六歳の少女をもつ母親である。

「娘が、学校で企画した二日間のスキー旅行に行きたいと言いだしたの。わたし、スキーをずっと恐れてたわ。危険なスポーツに不安があるの。以前だったら、『危険すぎるわ。足を折るかもしれないのよ。行かせられないわ』と言っていたでしょうね。でも、今回は、『わたしも学校に行っていたときに、そうした機会を活用すればよかったわ。あなたの勇気、ほめてあげる。楽しんでらっしゃい』と言ったの。

娘は骨折することなく、ほっぺただけ赤くして戻ってきて、こう言ったわ。『あのね、ママ、最初はすごく怖かったの。スキーはすごくハードよ。バランスをとるのに苦労したわ。でもね、次回はもっと楽になると思うわ』
わたしがでしゃばらなかったおかげで、娘は恐怖を乗り越え、体験を分かち合ってくれたんです。わたしが淡々としていたから、勇気を奮い起こせたのね」

失われかけた週末

次に紹介するのは、母親が巧みなスキルで家族の休日を救った話である。

「家族で週末、骨董品がたくさん置いてある古い宿ですごしたんです。十四歳のラナはその外観にひどく失望しました。もっと豪華な場所を思い描いていたんです。（テレビもラジオもない）部屋に通されたとき、ラナはその古い館が嫌いだと言い、夕食の席に加わるのを拒みました。

『あなた、失望したのね。もっと優雅なホテルに泊まりたかったんでしょう』とわたしが言うと、『そのとおりよ』とラナは苦々しく吐き捨てました。おもしろくないだろうけど夕食に降りてきてちょうだい、とわたしは頼みました。それから、彼女の肩に腕をまわして言ったんです。『ラナ、一人で部屋にじっとしているより、みんなといっしょのほうが楽しいと思うけど』

以前なら、娘を攻撃していたかもしれません。感謝の気持ちが薄いことをなじったり、娘の期待をあざ笑ったりしていたかもしれません。さもなければ、すべてがいかにすてきかということを納得させようとしたり、娘の趣味を批判したりしていたでしょうね。今回はラナの気持ちを言葉にし、娘の落胆を理解し、わたしの願いを述べたんです。

おかげで、ラナは夕食に加わったばかりか、すばらしい時をすごしたんです。家に帰ってきた後、ラナは友だちに、自分が行ってきたその〝古風な〟宿について熱っぽく語っていました」

説教したくなったら

ある母親が自分のことを振り返って、変化のプロセスについて話してくれた。

「あるときわたし、自分が自分の母親のようにふるまっていることに気づいたんです。わたしの母はとても『説教好き』でした。家の外での生活がなかったものですから、子どもを育てて教える仕事が唯一の満足の源だったんでしょうね。地位をもとめる母の欲求が、彼女を説教好きにしたんだと思います。わたしの欲求はちがいます。わたしは報われる仕事と愛する夫をもっていますから。にもかかわらず、自分の子ども時代のパターンにいまだにしたがっているんです。欲求もないのに、おそらく習慣から、よく教えたり説教したりするんです。

洞察を得てからというもの、説教する熱意が冷めてあまりしなくなりました。慣れっこになっている説教をしたくなるたびに、自分に言うんです。『自分が重要であることを感じるために、説教する必要はないのよ。子どもたちもそれを必要としていないわ。だから、よしなさい』って。多くの時間の節約になりますし、子どもとの関係が悪化するのをそれで防げるんです」

ふだん言っている言葉が自分に返ってきた

ある母親は、子どもが生活のなかで学ぶことを発見した。以下は彼女の話である。

「十四歳のスーザンと十六歳のサムが、テレビで深夜のインタビュー番組を見たんです。わたしは夫とその晩、出かけていました。翌朝、子どもたちが番組について話していたんですが、二人とも当惑していました。インタビュアーがゲストを攻撃したからです。スーザンは言いました。『問題はちっとも論議されなかったわ。ホストがゲストを攻撃してたもの。ゲストを侮辱し、悪口を言っていたわ。助けになるどころか、敵意がむきだしだった』サムのほうはこう言いました。『大人がお互いの性格をけなしあうのは見苦しいね。論争するのはいいよ。意見のちがいは人生に彩りを添えてくれるから。だけど、だれがだれをよりうまく傷つけられるかを話し合うのは無駄だよ』

わたしは思いました。『よかった。ふだん自分が言っている言葉が自分に返ってきたんだわ』って。『見返りを期待せずに善行を積みなさい。そうすればいつか報われるかもしれない』という古いことわざを思い出して、思わず笑ってしまいました」

エピローグ

人生は日々の積み重ねからなっている。親業は果てしのない小さな出来事の連続であり、たまに衝突が起こるのは避けられない。対応を迫られる突発的な危機もある。そのようなとき、どんな対応をするにしろ、何らかの結果を招かざるをえない。それは子どもの人格形成に良いほうにも、悪いほうにも影響を及ぼす。

十代の子どもの性格は、人々との経験や環境によって形づくられる。性格気質は直接教えることができない。講義によって忠誠心を、手紙のやりとりによって勇気を、メールによって男らしさを教えることはだれにもできないのだ。性格形成にはモデルとなる人物と良質のコミュニケーションが必要である。ティーンエージャーは生活のなかで学び、自分が体験したものになる。子どもにとって、わたしたちの気分はメッセージであり、生き方はお手本である。

わたしたちは子どもに立派な人間になってもらいたいと願う。思いやりと勇気をもって、物事に誠心誠意取り組む人間になってもらいたいと願う。芯の強さと公平さによって導かれた人生を送ってもらいたいと思う。そうした人間的な目標を達成するには、人間的な手法が必要だ。愛だけでは十分ではない。洞察だけでも不十分である。よい親はスキルを必要とする。そのようなスキルをどのようにして獲得し、活用すればいいかが、本書のメイン・テーマである。本書が、親子の理想を日々の実践に翻訳する助けになってくれることを願っている。

訳者あとがき

本書は思春期の子どもたちとのコミュニケーションのとり方を、豊富な実例を交えながらとてもわかりやすく説いた実用書です。『子どもの話にどんな返事をしてますか?』(草思社文庫)で親子のコミュニケーションに革命をもたらしたと言われるハイム・G・ギノット博士の二作目で、前作以上の高い評価を受け、思春期の子どもをもつ親やティーンエージャーを教える教師のコミュニケーションのバイブルとして読みつがれている本です。

大人へと脱皮する過渡期にある思春期は、きわめて不安定な時期です。そのため、ティーンエージャーの子どもをもつ親はどうしても困難な矛盾に直面させられます。助けてやろうとすると、うとまれたり煙たがられたりしますし、忠告しようとすると、とたんに反抗的になったりするからです。そうした扱いにくい十代の子どもとどのようにしてコミュニケーションをとればいいか、悩んでいる親や教師は少なくないでしょう。本書はまさにそのような人たちのために、「親と子の共存の条件について考え、お互いに威厳をもって尊重しあいながら共に生きる方法を探って」いこうとするものです。

著者のハイム・ギノット博士はイスラエルに生まれ、大学卒業後、小学校の教師をしていましたが、教師としての自分の力量に限界を感じ、アメリカに渡って一九五二年にニューヨークのコロンビア大学で臨床心理学の博士号を取得しました。臨床心理学者として情緒的な問題を抱える子どもたちと日々接することを通して、子どもとのコミュニケーションのとり方に関心を抱くようになり、独自のコミュニケーション理論を築きあげていったのです。

一九六五年にギノット博士が発表した処女作『子どもの話にどんな返事をしてますか？』は、心理療法の現場での子どもとのやりとりから学んだコミュニケーションの手法を日常の親子の会話に適用したものでした。発売直後から爆発的な反響を呼び、一年以上に渡ってベストセラーのリストに名をつらね、三十カ国で翻訳されたといいます。なぜそれほどまでに大きな反響を呼んだかというと、彼の提唱する手法が、子どもの自主性と自尊心を育むことを主眼とする、時代の要請に答える革新的なものだったからにほかなりません。

『子どもの話にどんな返事をしてますか？』で一躍世界的に有名になったギノット博

士は、一九六九年に本書『子どもに言った言葉は必ず親に返ってくる』、七二年に『先生と生徒の関係──心が通じ合うために』（サイマル出版会、絶版）をたてつづけに出版した後、不治の病に倒れ、長い闘病生活の末、一九七三年、五十一歳の若さで永眠しました。

十代の子どもとの会話に焦点を当てた本書は、前作同様、世界的な反響を呼び、親や教師たちに熱狂的に迎えられました。ここでもまた、子どもの自主性や自尊心を尊重する姿勢が貫かれています。子どもの自立心を支えるために、ギノット博士が具体的に勧めているのは次のようなことです。

●子どもの感じていることを絶対に否定しない。その一方で、認められない行動にはきちんと歯止めをかける。

●子どもが問題行動を起こした場合、子どもの人格や性格をけなさず、問題を指摘してやる。たとえば、子どもが床に泥靴を放置していたら、「床に泥靴が置いてあるわよ」と言ってやる。ソファーの上で跳びはねたら、「ソファーの上は飛び跳ねるところじゃないぞ」と言ってやる。

●依存は敵意を生む。だから、子どもが一人でできることに親は手出しをしない。

●子どもが自立するためには、限界を知る必要がある。だから、親や教師はここまでならやっていいという限界を示してやらなければならない。
●ほめるときには人格や性格ではなく、やったことをほめる。
●子どもの言うことを思いやりと共感をもって聞いてやる。

現在、日本でも、十代の子どもたちと大人とのコミュニケーションはかならずしもうまくいっているとは言えません。競争社会のなかでプレッシャーを感じている子どもたちに、親はともすれば追い討ちをかけるようなことを言ってしまいがちです。否定された心は必ず恨みを生み、こちらに跳ね返ってくるとギノットは言っています。本邦初訳である本書は刊行されてからかなりの年月を経ていますが、子どもと親や教師との関係を見直すうえで、きわめて役にたつ貴重な文献だと確信します。アメリカのコミュニケーション研究の第一人者であるジョン・ゴットマンは、ギノット博士が提唱する手法が実際にEQ（心の知能指数）を高める効果があることを科学的に立証し、一九九七年に発表した著作『0歳から思春期までのEQ教育』（講談社）のなかで大きく取り上げています。

最後に、本書の翻訳を快諾してくださった草思社のみなさんと、編集を担当していただいた当間里江子さんにこの場を借りてお礼を申し上げます。

二〇〇六年五月

菅　靖彦

＊本書は、二〇〇六年に当社より刊行された著作を文庫化したものです。

草思社文庫

子どもに言った言葉は必ず親に返ってくる
思春期の子が素直になる話し方

2022年４月８日　第１刷発行

著　　者　ハイム・G・ギノット
訳　　者　菅 靖彦
発 行 者　藤田 博
発 行 所　株式会社 草思社
〒160-0022　東京都新宿区新宿1-10-1
電話　03(4580)7680(編集)
　　　03(4580)7676(営業)
　　　http://www.soshisha.com/

本文組版　有限会社 一企画
本文印刷　株式会社 三陽社
付物印刷　株式会社 暁印刷
製 本 所　大口製本印刷 株式会社
本体表紙デザイン　間村俊一

ISBN978-4-7942-2574-0　Printed in Japan

草思社文庫既刊

子どもの話にどんな返事をしてますか？
親がこう答えれば、子どもは自分で考えはじめる

ハイム・G・ギノット　菅 靖彦＝訳

どなりつけてやろうと考えて子育てをする親はいない。子に幸せに立派に育ってもらうには愛情だけでは足りない。良い親はスキルを必要とするのだ。子どもとの関係性がガラリ変わる五〇〇万部ベストセラー。

他人を支配したがる人たち
身近にいる「マニピュレーター」の脅威

ジョージ・サイモン　秋山 勝＝訳

うわべはいい人のフリをして、相手を意のままに操ろうとする〝マニピュレーター〟たち。その脅威と、彼らによる「心の暴力」から身を守る方法を臨床心理学者が教えます。**『あなたの心を操る隣人たち』改題**

他人をほめる人、けなす人

フランチェスコ・アルベローニ　大久保昭男＝訳

あなたの身近にもいる「他人を認めない人」「陰口をたたく人」「果てしなく話す人」などの深層心理を、鋭い観察と深い洞察で解き明かす。一二五万部のミリオンセラーとなった現代人のバイブル。

草思社文庫既刊

杉山由美子
長男が危ない！
熱心な母親ほど要注意

「長男・はじめての子」は、親の期待が大きいぶん、干渉やプレッシャーが強くなりがちで、さまざまな問題を抱えるケースが多い。多数の取材から実態を探り、いまどきの長男の子育てを成功させるコツを紹介。

西多昌規
「器が小さい人」をやめる50の行動

脳の処理力低下があなたの器を小さくする！　四六時中、情報や刺激が絶えず流れ込む現代社会、誰もが脳のキャパオーバーを起こしているのだ。些細なことでイラッとしたり、キレやすい人のための指南書。

リック・ハンソン　リチャード・メンディウス　菅　靖彦＝訳
ブッダの脳
心と脳を変え人生を変える実践的瞑想の科学

「仏教」と「脳科学」の統合による新しい瞑想法を専門家がくわしく解説。「心」のメカニズムの理解のうえで、怒りや不安などの感情をしずめ、平安で慈しみのある精神状態を生み出す実践的な方法を紹介する。